現地発

おいしい台湾

朝・昼・晩

台湾料理研究家
小河 知恵子

春陽堂書店

はじめに——暮らすように旅する台湾を

台湾料理に魅了され続けた私が2歳の息子を連れて台湾で暮らし始めたのは２０１９年の夏。新型コロナウイルスが蔓延する半年前ということになります。その後２０２０年の３月には、外国人の台湾への入国は実質禁止となってしまいました。

それから3年以上が経ち、ようやく旅行を楽しむことができるようになったわけですが、この3年で台湾の飲食事情は大きく変化しました。閉店したお店、支店を畳んで規模を縮小したお店、買収されて別の名前になったお店……。もちろん、勢いを失わずに繁盛し続けるお店、新規開店したお店も多くあります。

そんな環境に身を置いて、暮らして、食べてきた私だからこそわかるリアルな台湾を、旅を通して楽しんでもらいたいと思い、このタイミングで本を執筆することにしました。

台湾で暮らしていると、これを食べるならあのお店だな、とか、あれを買うならあそこしかないな、とか、そんな情報が、日々頭の中にインプットされていきます。また、料理するならこれがなくちゃ始まらない、これはこんな食べ方をすると断然美味しい！など、暮らす中で得た豆知識も増えていきます。

この本では、それらの情報、お店、商品を、台湾で暮らしている感覚で楽しめるように、朝、昼、晩、に分けて紹介しました。また、各章の終わりには、台湾で日常的に食べられている料理のレシピも掲載しました。基本的には、日本の食材で作れるようになっていますが、旅行で買ってきたものも使えるように、台湾食材で作るレシピも載せています。

どの情報も、生活に根付いた気取らない台湾が基本となっているので、可愛い台湾♡　おしゃれな台湾♡という感じの内容ではありません。さらに、他のガイドブックなどで見かけるような有名店や高級店もあまりありません。

でもそれはよく考えたら、台湾に旅行で訪れていたころの私が一番知りたいことだったのではないかなと思うのです。

大好きな台湾、せっかくだから暮らすように旅してみたい、そんなかつての私のような方に、この本が役立つことを願っています。

二〇二三年六月吉日

小河知恵子

目次

第2章 台湾の昼

台湾の定番料理レシピ

第3章 台湾の晩

本書掲載のレシピについて

- 材料は2人分を基本としています。つくりやすい分量がある場合は明記しています。
- 計量の単位は、大さじ1は15㎖、小さじ1は5㎖、1カップは200㎖です。
- 調理時間は目安です。火力や鍋の大きさで変わりますので、作りながら調整してください。
- ひとつまみは、人差し指と親指、中指の3本の指でつまんだ量です。
- 少々は、人差し指と親指の2本でつまんだ量です。

第1章

台湾の朝

台湾は飽食の国。
早朝から美味しい地元グルメを
楽しむことができます。
デパートや雑貨店が開くのは11時と遅めなので、
そのぶんたっぷりと朝を満喫しましょう。
食材を探すのも基本的には朝から
お昼1時くらいまでがおすすめ。
台湾人の食生活を支える新鮮な食材をみれば、
お昼以降に食べる食事も
さらに美味しく感じると思います。

台湾の朝ごはん

定番の豆乳、鹹豆漿《シェンドウジアン》、蛋餅《ダンビン》から、お粥に麺、ハンバーガー、スープ、サンドイッチ、小籠包……。台湾には数えきれないくらい朝ごはんのバリエーションがあります。

朝、家を一歩でれば、朝ごはんのお店（早餐店）があちこちに見られますが、その多くはハンバーガーやサンドイッチなどを提供しているお店です。こういった朝ごはん屋さんは、今から30年くらい前にできた比較的新しいスタイルのお店です。もっと伝統的なものといえば、作りたての豆乳や、饅頭（p13）などが食べられる朝ごはん屋さんです。

ここではこの2つのタイプのお店で食べたいメニューについて紹介します。

早《ザオ》餐《ツァン》店《ディエン》（一般的な朝ごはん屋さん）

三《サン》明《ミン》治《ジー》

旅行で台湾に来ていたころは、「台湾に来てまでサンドイッチを食べるのはなあ……」などと思っていましたが、食べてみるとこれがちょっと違うのです。例えば、定番のハムと卵のサンドイッチには、薄焼き卵が使われていて、食べると卵の主張が少なくさっぱり。甘いマヨネーズを使うので、味わいも日本のものとは違います。他にも、ホットサンドにはバターの代わりにピーナッツバターが塗られていることが多く、中には木炭を使った真っ黒いパンに具材を挟むような凝ったお店もあります。

漢《ハン》堡《バオ》

街で見られる早餐店の多くは、サンドイッチ（三明治）とハンバーガー（漢堡）を2大メニューとして掲げています。ハンバーガーについてもやはり、「別に台湾じゃなくても……」と思わされたものですが、にんじん入りのパ

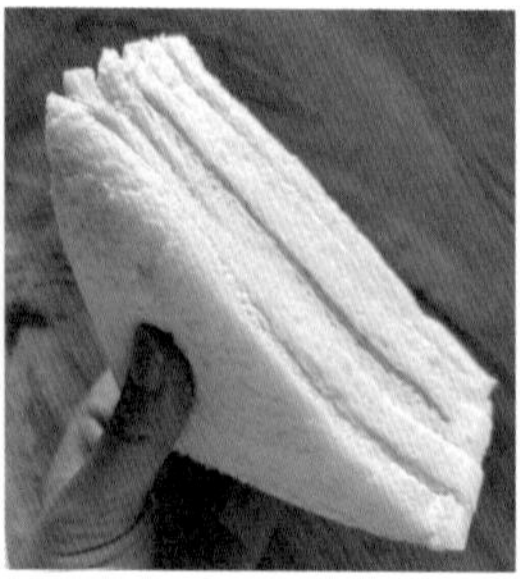

右：一般的な三明治／左：一般的な漢堡

テ、すぐにぺちゃんこになってしまうバンズは、重くなく、台湾の朝ごはん特有のものであることがわかります。最近ではおしゃれで、よりリッチな朝ごはんバーガーを提供するお店も増えています。

黒《ヘイ》胡《フー》椒《ジアオ》鐵《ティエ》板《バン》麵《ミェン》

街角の早餐店にはよく、黒胡椒鐵板麵という謎の麺があります。これも台湾では定番の朝食メニュー。スパゲティのようにも見えますが、実際は油麺という茹で麺を炒めて、黒胡椒のきいたタレで味付けした、どちらかというと焼きそばに近い料理です。どのお店の黒胡椒鐵板麵にも共通しているのが、見た目に彩りという概念が全くない点。目玉焼きをのせるお店も多いですが、両面焼きなので、残念ながら、黄身の黄色はほとんど見えません。でも、美味しいものってだいたい茶色いもの。百聞は一食にしかず、ぜひお試しを。これでもかというくらい黒胡椒が効いているので、ばっちり目が覚めます。

右：おしゃれな朝ごはんハンバーガー
左：黒胡椒鐵板麵

蛋《ダン》餅《ビン》

他に朝ごはん屋さんの定番といえば、薄いシート状の生地に、卵を流し入れて、焼いて巻く、蛋餅です。この蛋餅、中に卵以外の何かを入れないと美味しくならない不思議な料理。一般的に、ハム、チーズ、ツナ、コーンあたりを入れられるので、その中から選ぶかそれぞれを組み合わせ可能。私のお気に入りは、コーンとチーズ。コーンのプツプツとした歯触りに、とろりとしたチーズが絡んで、さらにそれをしっとりした蛋餅が包む……。考えただけでも明日の朝が待ち遠しくなります。

そうそう、今「しっとりした」と蛋餅の食感を形容しましたが、これはお店によります。多めの油で、パイのようにサクサクに焼き上げたものや、小麦粉の生地を使うもっちりタイプもあり、なんとなく今はサクサクが流行っている印象です。

右：薄皮しっとり蛋餅
左：外はカリカリ中はもっちり蛋餅

傳《チュワン》統《トン》早《ザオ》餐店《ツァンディエン》（伝統的な朝ごはん屋さん）

豆《ドウ》漿《ジアン》・鹹《シエン》豆《ドウ》漿《ジアン》

台湾の豆乳（豆漿）は、日本のものよりも喉ごしが良く、サラッとしていて飲みやすいのが特徴です。その秘密は作り方にあります。日本の豆乳は、大豆を煮てから攪拌《かくはん》して濾《こ》すのに対し、台湾の豆乳は生のまま攪拌し、最後に沸騰直前まで温めていただきます。

三温糖を加えたほのかに甘いものが一般的ですが、最近では、無糖の豆乳を出してくれるお店も多くあります。無糖のほうがヘルシーといえばそうですが、私はやっぱり美味しさに負けて毎回甘い豆乳を飲んでしまいます。

肉《ロウ》包《バオ》／饅《マン》頭《トウ》

傳統早餐店では豆乳、鹹豆漿の他にも、肉まん（肉包）や、蒸しパン風のもの（饅頭）も食べられます。肉まんは、それはもう、日本のものが食べられなくなるほどジューシーだし、ホッカホカでフワフワの饅頭は、一口食べる

鹹豆漿

と、小麦の豊かな香りが鼻に抜けます。それもそのはず、この饅頭、発酵させる時に使っているのはイーストではなく、老麵という過発酵させた生地の一部。そうすることで小麦の香りをより一層引き出すことができ、なんともいえない優しい風味に仕上がるのです。

これに卵焼きを挟んだもの（饅頭夾蛋）と、甘い豆乳、この組み合わせをテイクアウトして職場で食べる、これが多くの台湾人のモーニングルーティーンのひとつとなっています。

饅頭夾蛋

小《シアオ》籠《ロン》包《バオ》

伝統的な朝ごはん屋さんで外せないのが小籠包。台湾では、小籠包は朝ごはんでもあります。朝に食べる小籠包は、お馴染み「鼎泰豊」の半分くらいのプチプライス（鼎泰豊1個25元、梁山泊小籠湯包13・5元）。

小籠包といえば、多くの本や雑誌で、「テーブルに届いたら、すぐさま熱々を食べて肉汁を楽しんで！」というようなことが書かれているのを見かけますが、これに私は意義を唱えたい。さらに、「レンゲの上に小籠包をのせて、箸で皮を少し破って、レンゲに肉汁を移し、それを飲んでから小籠包を食べる」というような美味しい？　食べ方まで載っていることがありますが、それを鵜呑みにしていたら、きっと台湾旅行の半分は損します。

声を大にして言いますが、小籠包はすぐに食べず、一呼吸置いてから食べたほうが美味しいんです。適度に冷めれば、肉汁をレンゲに移さなくても、丸ごと口に運ぶことができます。こうすれば、タプタプの肉汁を一気に口の中で楽しめるんです。目を瞑れば、まるで肉汁の中を泳いでいるかのよう……。黒酢生姜はあとから口の中に放り込めばいい。

この場合の一呼吸とは、小籠包がテーブルに届いてから、ひととおり写真を撮って、Instagramのストーリーにアップして、コメントを入れてからpostする、くらいの時間でしょうか。大丈夫、小籠包は待ってくれます。

右：肉汁がたっぷり
左：朝の小籠包は食べ応えあり

おすすめの朝ごはん屋さん

好初早餐 中山

住所　台北市大同區長安西路124號
時間　平日 7:30〜15:00　土・日 8:00〜15:30
板橋炸肉餅堡　95元

焼き塩豚のハンバーガーやツナとりんごのサンドイッチなど、一般的な朝ごはん屋さんとは少し違ったおしゃれなメニュー構成。若者に人気でありながら、セットプレートには、台湾の伝統的な結婚式で食べる紅白揚げ白玉、豆腐乳を使ったピリ辛ソース（美味しい！）がかかったフライドポテトが乗っていて、台湾感もバッチリ。お子様メニューもあり。

梁山泊小籠湯包

住所　台北市萬華區漢口街二段54之4號
時間　10:00〜15:00／17:00〜21:00（月・木曜定休）
小籠包7つ　95元（p15右）

鼎泰豐の1.5倍はありそうな大きな小籠包。大きいながらも薄皮で肉汁たっぷりなのが泣かせる。メニューは小籠包とサンラータン、台湾コーンスープ、黒豆豆乳のみ。ここでは小籠包の他に、台湾独特のコーンスープも抑えておきたい。

來來漢堡

住所　台北市大安區新生南路一段103之1號
時間　5:30〜13:00
起司蛋餅（チーズ入り蛋餅）　35元
漢堡　40元　三明治　35元

地元民に人気の、常に人が絶えない朝ごはん屋さん。ここで起司蛋餅（チーズ入り蛋餅）に玉米（コーン）を入れてもらうのが好き。黑胡椒鐵板麵もほのかに甘い豆乳も美味しい。忠孝新生駅の6番出口を出たらすぐなので、わかりやすい。

及第豆漿

住所　台北市長安東路二段182號
時間　5:30〜13:00（月曜定休）
粉漿（宜蘭）蛋餅　45元　小籠包（p15左）　100元
饅頭夾蛋　27元

一般的な薄皮の蛋餅の他に、モチモチ生地の粉漿蛋餅が食べられるお店。外パリパリ、中もっちりの食感がやみつきに。自家製のオーガニック豆乳に、豆花、小豆を浮かべた豆漿豆花もおすすめ。鹹豆漿も美味しい！　2019年オープンの新しいお店で、店内も快適。

一般的な朝ごはん屋さん

台湾の朝は市場から

私が台湾で一番心躍る場所、それが市場です。台湾の市場の数は、日本よりもずっと多く、台北市でいえば、公設市場だけでも41箇所。公設ではない小さな市場も合わせるとその数はさらに増えます。台北市は、オフィス街、繁華街、住宅街などの棲み分けがあまりありません。デパートや企業のビルが立ち並ぶ場所にも人がたくさん暮らしていて、使いやすい所に必ず市場があります。

24時間営業だったり、Uber Eatsで宅配可能だったりと、便利なスーパーマーケットもたくさんありますが、食材の新鮮さは断然市場が上。野菜などは特に安く、お魚やお肉はスーパーに比べて質が良いものが揃っています。

外国人である私にとって市場の最大の魅力は、珍しい食べ物に出合えること。例をあげるとすれば、黄色いドラゴンフルーツや細長い台湾産のキウイなどは市場でしかお目にかかれないものです。どのように調理するのか想像がつかない野菜や魚なども多く、老闆《ラオバン》（店長／オーナー）に美味しい食べ方を聞くのも楽しみのひとつになっています。

次のページからは、日本にはない台湾で親しまれている食材を紹介します。

「これ、何?」な台湾野菜

物価の高い台湾ですが、確実に日本より安いのが野菜です。安い上に種類も豊富なので、冷蔵庫とお腹の空きさえあれば、選び放題、食べ放題。日本では見かけない野菜も多く、そういった野菜ほど栄養価が高い気がします。

葉野菜

①

① 小白菜《シアオバイツァイ》

台湾白菜。名前が記す通り、小さくて細長い白菜。日本の白菜よりもずっと歴史が長く、台湾では最も一般的な野菜のひとつです。茹でて良し、炒めて良しで、シンプルな麺との相性が抜群。

②

② 大陸妹《ダールーメイ》

茹で野菜として、とてもポピュラーな存在です。日本のグリーンリーフレタスによく似ていますが、台湾では必ず加熱して食べます。私は気にせず生でも食べますが、台湾人からは「信じられない!」と言われてしまう野菜のひとつ。

③

③ A菜《エーツァイ》

細長いけれどレタスの仲間。炒めものに最適な野菜のひとつで、一般のレタスよりも香ばしい風味があります。年に3回収穫されますが、冬は苦いものが多いのが(個人的に)難点。

④

④ 地瓜葉《ディーグワイエ》

日本ではなかなか食べないサツマイモの葉っぱ。加熱後、黒く変色することがあるほど鉄分が豊富。茹で野菜としての食べ方が一般的です。

⑤

⑤ 莧菜《シェンツァイ》

日本ではあまり食べることのないアマランサスの葉。葉が赤紫色のものもあります。柔らかく淡白な味わいで、刻んでしらすと一緒にスープにするのが定番。日本莧菜という葉が大きな莧菜も出回っていますが、日本で莧菜をみたことがないので、ちょっと戸惑います。

⑥

⑥ 芹菜《チンツァイ》

台湾セロリ。細いけれどしっかりとセロリの風味があり、小口切りにしてビーフンやスープに散らします。ぶつ切りにして炒めても美味しい。スジをとらなくていいので、西洋セロリより調理が楽チン。

⑦

⑦ 茼蒿《トンハオ》

台湾春菊。日本の春菊よりも控えめな香りで食べやすく、炒めものや鍋に最適。台湾の夜市名物、蚵仔煎の中に入っている葉っぱは、この茼蒿か小白菜。日本と同じ春菊は山茼蒿と呼ばれます。

⑧

⑧ 紅鳳菜《ホンフォンツァイ》

緑の葉の裏側はドキッとするような赤紫。鉄分やポリフェノールが多く含まれ、美容に効果的だとされます。陰性の度合いが強く、身体を冷やすので、身体を温める作用のあるゴマ油で炒めて食べるのがお約束。

果菜類

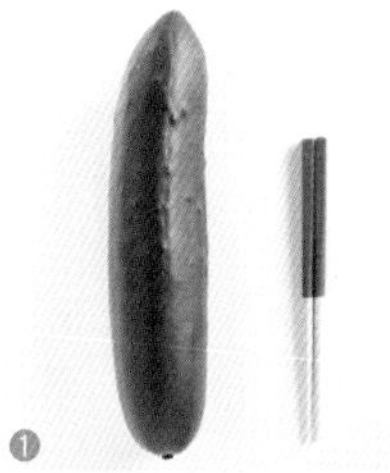
❶

❷

❶ 大黄瓜《ダーホワングワ》

巨大なきゅうり。皮を剥いて種を取り、炒めたり煮込んだりします。スペアリブのスープに入れても美味しい。

❷ 長豆《ジァンドウ》

名前の通り長い豆。日本でいうササゲ豆の若い状態がこちら。インゲンのように筋を取る必要がなく、火を通すとしっかりと豆の風味が感じられます。私が大好きな野菜のひとつ。

❸

❹

❸ 扁蒲《ビェンプー》

ユウガオ。日本ではかんぴょうの材料となっていますが、台湾では炒めものや、煮麺の具材としても一般的。まろやかでくせのない味わい。

❹ 絲瓜《スーグワ》

いわゆるヘチマ。ユウガオと同じく淡白な味わいで、海鮮との相性が抜群。蛤や干しエビと炒めたり、煮込んだりするのが定番です。

❺

❺ 苦瓜《クーグワ》

台湾のゴーヤは白いものがメイン。肉厚で、日本のものほど苦味はありません。炒める他、醤油煮やスープにもします。ジュースにしても苦味が爽やかで美味しい！

その他

①

① 結頭菜《ジエトウツァイ》

カブのようにも見えますが、アブラ菜の仲間。丸い部分は茎で、ここを食べます。水分の少ない大根のような味わいで、冷菜にすることが多いです。

②

② 芋頭《ユートウ》

タロイモ。里芋の仲間でありながらも、ぬめりはなく、ほくほくとした食感が人気。台湾人は老若男女、みんな芋頭のスイーツが大好き！

③

③ 菱角《リンジァオ》

ひしの実。悪魔のような見た目ですが、蒸して黒い殻を取り除くと、中の香ばしい核を食べることができます。毎年秋、東門市場にひしの実を売りにくるお兄さんがイケメン。

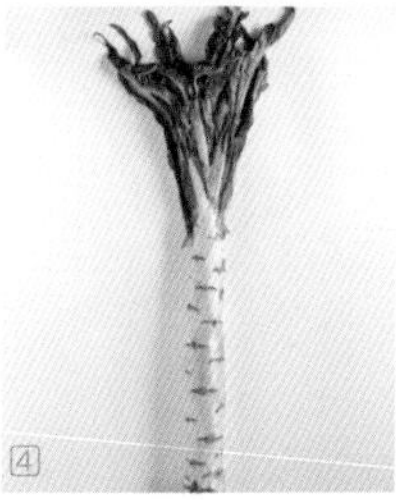
④

④ 嫩莖萵苣《ネンジンウオジュー》

こうみえてレタスの仲間。茎の部分の皮を厚く剥いて、炒めたり、冷菜にしたりして食べます。パリパリとした食感で、ほのかな土の香りがさわやか。

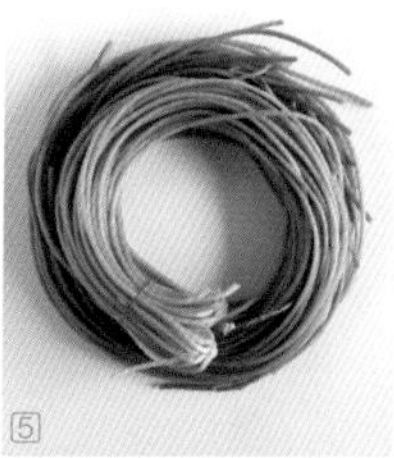
⑤

⑤ 水蓮《シュイリェン》

台湾在住の日本人が皆「美味しい！」という野菜。ぐるぐる巻いた状態で売られており、ほどくと２メートルくらいになって、どう洗うのかと呆然とします。癖のない味わいとシャキシャキとした歯応えが人気。

マストイートな台湾果物

台湾の果物は、日本より種類豊富で値段もお手頃。ここでは台湾に来たらぜひ食べてもらいたい南国フルーツをピックアップしました。甘い、酸っぱいだけでは語れない、味のバリエーションを堪能してみてください。台湾で、外国人が確実に美味しい果物を食べるには、カットしてパックに入っているものを選ぶことです。毎日フルーツと向き合っている果物屋さんが熟れていると判断して切っているわけですから、美味しいのは当たり前。気になる果物を見つけたら、気軽に試してみてください。

①

① 楊桃《ヤンタオ》

スターフルーツ。甘さの中に青い香りも感じられるさわやかな味わい。台湾では、公園や民家、学校などにも木が植えられており、1年に2、3回実をつけるので、実際に実っているところを見ることができます。食べごろを見分けるのが難しいので、パック売りの剥いてあるものを買うことをおすすめします。(1年中)

②

② 芒果《マングオ》

マンゴー。日本でもお馴染み、台湾マンゴー。ひとくちに台湾マンゴーと言ってもびっくりするほど種類は豊富。桃(のような香り)マンゴー、びわ(のような小粒で甘い)マンゴーなど文字をみるだけで買いたくなってしまいます。剥くときは豪快に大ぶりに。日本でよくあるおしゃれなむき方(花咲カット)は、台湾マンゴーのポテンシャルを最大限に引き出すことができないので、気をつけましょう。(5〜8月)

③

③ 茘枝《リージー》

ライチ。日本で食べられるものは、冷凍がメインですが、台湾ではもちろん生。生のジューシーさを知ったら2度と冷凍には戻れません。もち米(のような食感)ライチ、ガチョウの卵(のように大きい)ライチなど種類も豊富。ちなみに、マンゴーもライチも、食べすぎるとものもらいになると言われています。そうは言っても、食べはじめると美味しすぎて理性が保てなくなるのですが……。(4〜7月)

④

④ 芭樂《バーラー》

グアバ。台湾人が愛してやまないフルーツですが、硬くて甘さが少ないので日本人には不人気。しかし台湾暮らしも1年を過ぎると、突然好きになってくる不思議な果物。中が白いものが一般的ですが、季節によってピンクもあります。小ぶりで皮が白く、柔らかい土芭樂は、買って部屋においておくと、玄関の外まで香りが広がります。(1年中)

⑤

⑤ 龍眼《ロンイエン》

龍眼はライチと同じくムクロジ科の果物。甘いですが、ライチに比べて、種が大きく、漢方の香りもするので、好みが分かれます。私の中では、龍眼が出てくるとライチの季節が終わりに近づくので、その味わいに哀愁を感じます。(7〜9月)

⑥

⑥ 火龍果《フオロングオ》

ドラゴンフルーツ。日本でも購入できる中が白いものの他に、中が赤いものも一般的で、こちらのほうが甘いです。ただし、剥くときに、まな板が真っ赤になる上、体から出るものもすべて赤くなってしまうので、初心者は注意。(5〜10月)

⑦

⑦ 百香果《バイシアングオ》

パッションフルーツ。百の香りの果物と書く通り、切った瞬間、トロピカルな香りが部屋中に広がります。「ちょっともう、腐ってんじゃないの?」というくらいまで放置して、シワシワのぼこぼこにしてから食べるのが美味しくいただくための約束。(7〜9月)

⑧ 木瓜《ムーグワ》

パパイヤ。台湾では家庭菜園でも人気。たいして手入れをしていない庭や花壇でも美味しそうに実っているので、台湾の気候、環境に適した果物なのでしょう。青いものはおかずとして冷菜にすることもできます。値段も手頃で栄養価も高いのがうれしい。(1年中)

⑧

⑨ 柚子《ヨウズ》

ポメロ。台湾では柚子や文旦と呼ばれていますが、日本の柚子とも文旦とも別もの。中秋節には、なくてはならない果物で、これが出ると芒果の季節は終わりに近づきます。他の柑橘よりも水分が少なく、サクサクとした口当たりで、食べると止まらなくなります。(8〜10月)

⑨

⑩ 蓮霧《リェンウー》

フトモモ科の熱帯フルーツ。と言われてもピンとこない果物。でも台湾では非常にポピュラーで、品種も様々。梨とリンゴを足して2で割ったような味わいの中に、青い香りも感じ、さわやか。軽い歯触りが特徴です。(1年中)

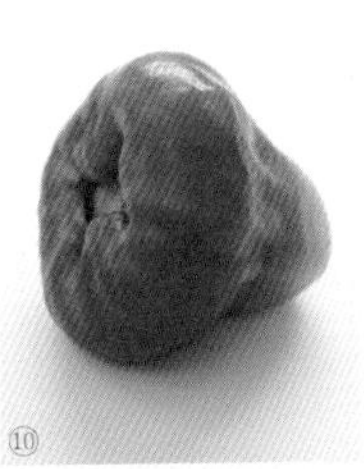

⑩

⑪ 釋迦頭《シージャートウ》

バンレイシ。こちらも日本人にはピンとこない類の果物。お釈迦様の頭のような形が名前の由来です。とても柔らかく、切って食べることは不可能。手で半分に割って、スプーンですくって種の周りの果実を食べます。シュガーアップルと言われるだけあって、とても甘い!(12〜4月)

⑪

⑫ 鳳梨釋迦《フォンリーシージア》

アテモヤ。パイナップル釋迦頭とも呼ばれます。釋迦頭よりも酸味があり、甘さも若干ひかえめ。さっぱり感もあるので、日本人にはこちらの方が食べやすいかも？　柔らかすぎず、切ることもできるので皮を剥いた状態でコンビニなどでも購入可能です。(11〜3月)

⑫

⑬ 密棗《ミーザオ》

インドナツメ。リンゴのような風味があり、さっぱりとした甘さが食べやすい果物。サクサクとした歯触りでありながら、軽いねばりもある不思議な食感。台湾の冬を代表する果物のひとつ。緑の皮はとても薄く、剥かずに食べます。(11〜2月)

⑬

⑭ 仙桃《シェンタオ》

果物でありながらも食感は芋に近く、ぽってり。台湾南部や中部で栽培され、台北ではあまり出回りません。柔らかく熟してから食べると、ベイクドチーズケーキのようで美味しい!アボカドよりも栄養価が高いといわれます。(12〜2月)

⑭

⑮ 黄金果《ホワンジングオ》

ここ最近出回るようになった珍しい果物。英名はアビュー。1年に2回花が咲き実をつけます。食感や味は熟してとろとろになった柿に近いです。半分に切ってスプーンで食べます。(8〜5月)

⑮

見たこともないお魚

台湾の市場は日本の市場よりもカラフル。路面店のパラソルや南国フルーツの鮮やかさも、印象的ですが、よく見るとお魚にもカラフルなものがちらほら。いつかシュノーケリングやダイビングで一緒に泳いだことがある魚も並んでいます。写真を見ていただければわかると思うのですが、お店に並ぶお魚の種類は日本よりも豊富。ここでは、台湾でよく食べられている、日本では見かけないお魚を紹介します。

午仔魚《ウーザイユー》

和名はミナミコノシロ。台湾で最も一般的な食用魚。臭みやクセもなく、フワッとして口当たりが良いので、蒸しても焼いても美味しい。価格も安定してお手頃なので、出番が多い魚のひとつ。

紅魚《ホンユー》

フエダイ。亜熱帯から熱帯の海に生息し、関東ではほとんど流通しない魚。鮮やかな赤が特徴で、水族館で見かけることも多いです。脂ののった白身で、蒸して食べると最高!

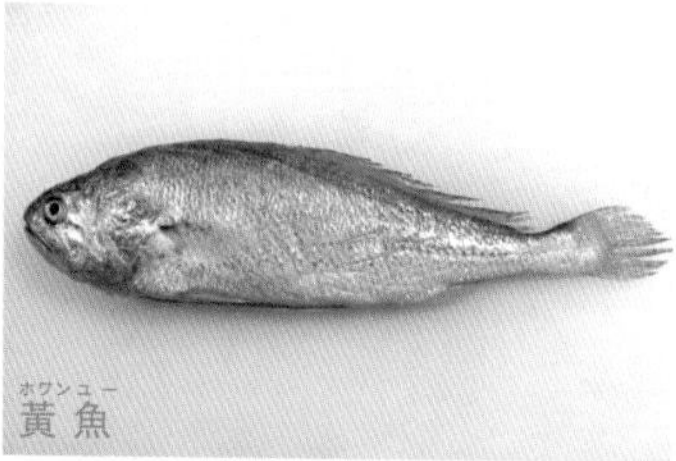

黃魚《ホワンユー》

和名はキグチ。グチと同じくニベ科の魚。硬くならないので、煮魚にも向いています。フライパンで焼いて、ニンニクをまるごとを入れた醤油ケチャップだれで煮込むと美味しい。皮に苦味があります。

日本でもお馴染みのサバ、サワラ、スズキ、エボダイ、タチウオ、アユ、イトヨリ、カサゴ、マトウダイ、ハタ、クエなどもよく食べられます。日本で高級魚とされる魚が意外と安いこともあり、市場で買うお魚にはお得感があります。いいものを見つけたら、その場で捌いてもらって、その日のうちに、蒸して食べるのが台湾では鉄則。その日調理できずに翌日に持ち越してしまったら、焼くか醤油ケチャップ煮に。揚げるのは鮮度が落ちた場合の最終手段です。

金鯧《ジンチャン》

和名はマルコバン。マナガツオが白鯧と呼ばれるのに対し、こちらは金鯧。お高めのマナガツオよりも安く安定しているので代用品としても使われます。クセのない白身で、食べるところが多く人気。我が家の食卓にもよく登場する大好きな魚のひとつ。

白鯧《バイチャン》

マナガツオ。日本でも食べる地域はありますが、関東にはあまり出回らない魚です。日本でも台湾でも高級魚の部類ですが、台湾では日本ほど高くありません。お正月に欠かせない魚で（この時期は高すぎる！）、蒸しても焼いてもしっとりしていて美味しい。黒鯧（ヘイチャン）という黒みがかかった種類もあり、こちらは安いけれど味が落ちます。

虱目魚《シームーユー》

台湾を代表する養殖魚、サバヒー。英語でミルクフィッシュと呼ばれれるくらい濃厚な脂が乗っており、焼き魚やスープで食べられることが多いです。以前は安かったけれど、今は数が少なく、そうでもないのが悲しい。

吳郭魚《ウグオユー》

ティラピア。養殖魚として非常にポピュラー。実は公園の池などにも鯉と一緒に相当数泳いでいる魚の改良種。餌をまくとすごい勢いで食べるので面白い。泥臭さがあるので、個人的にはあまり買わないけれど、さらに改良された台灣鯛（タイワンディアオ）は少し香りがやわらぎます。海水で育てるものもあり。

台湾のアサリ

豚の筋

その他

貝類でいえば、台湾はアサリよりハマグリのほうが安くて一般的。日本と真逆なのでなんだか得した気分になります。それにしても、台湾産のアサリは美味しいけれど高い！　色も形もちょっと違います。魚屋さんには、なまこや魚、サメの皮なども売っていますが、その横に豚の足の筋が並んでいることも。「なぜ豚？」とも思いますが、なまこや魚の皮でスープを作るとき、豚の筋も外せないアイテムなのです。

魅惑のお肉ワールド

台湾で食べるお肉は主に、豚、鶏（ウコッケイなども含む）、牛、羊、鴨、ガチョウ。この中で日本であまり食べないものといえば、ウコッケイ、ガチョウあたりかと思います。ここでは日本でなじみのないものから順にご紹介します。

烏《ウー》骨《グー》雞《ジー》（ウコッケイ）

毛をとって、裸の状態にしても、皮膚が真っ黒で、インパクトが強いウコッケイ。日本では、卵が高級食材として出回っていますが、お肉はあまりなじみがないですよね。台湾では、ウコッケイのお肉はスーパーでも普通に取り扱われており、価格も通常の鶏肉とあまり変わりません。台湾の大手スーパー全聯では、だいたい５００ｇ１７０元（７８０円）くらいで売られています。引き締まった肉質と豊富な栄養素を活かして、漢方などと煮込んでスープにすることが多く、冬に食べると心からありがたく感じます。ウコッ

真ん中がウコッケイ

鵝《オー》肉《ロウ》（ガチョウ）

ケイの他にも、三黄雞《サンホワンジー》という嘴と足、皮が黄色い鶏も市場では売られています。黄色い見た目が食欲をそそり、焼くと皮もパリッとしているので、こちらも人気があります。

　ガチョウ肉が生で売られることは少ないので、多くの人は市場で調理済みのものを購入したり、ガチョウ料理専門店で食べたりします。脂肪分は少ないながらも、厚めの皮にまろやかな甘味があるので、少量でも満足感があります。台湾で食用とされているのは、ホワイトロマングース（イタリア原産）や、チャイニーズグース（中国原産）、エムデングース（ドイツ原産）など。

　ちなみに、ガチョウって想像よりもかなり大きいです。写真ではわかりにくいですが、右端の合鴨と比べてこの大きさ。少し前まで大安森林公園（台北市大安区の緑あふれる大きな公園）には、2羽のチャイニーズグースが住みついていたのですが、野生動物ではない、という観点から、宜《イー》蘭《ラン》の農場にお引っ越しさせられてしまいました。寂しい。

右：ガチョウは頭や首も食べます
左：2羽のガチョウと、その前を歩く合鴨

鴨《ヤー》肉《ロウ》（アヒル）

日本でも、鴨南蛮などで時折食べられる鴨肉ですが、台湾ではもっと日常的なお肉で、蒸したり焼いたり、炒めたり、煮込んだりと食べ方も様々です。種類も少し違っていて、日本では合鴨が多く食べられるのに対し、台湾では北京ダックや番鴨（南北原産の顔が赤いアヒル）、番鴨とその他のアヒルを交配させたものなどが一般的。真鴨や合鴨よりもクセがなく食べやすいのが特徴です。焼く料理には北京ダック、姜母鴨（冬に食べる鴨の薬膳生姜鍋）には番鴨が適しているといわれます。

羊《ヤン》肉《ロウ》（ヤギ）

ここ最近、日本でも人気の羊肉。ラム（子ヒツジの肉）は臭みがないので食べやすく、マトン（大人のヒツジ肉）は、独特の風味があって好みが分かれる、というのが一般的な認識かと思います。

一方、台湾で羊肉というと、ラムとかマトンとかいう以前に、ヒツジかヤギか。しかもヤギ肉多め。ヤギ肉は、一般的にマトンに迫るかそれ以上の香りがあり、肉質も

右：つり下げられるアヒル
左：羊肉は牛肉店での取り扱いが多い

固めで、「食べられない」という人も。それなのに、ヒツジもヤギも「羊肉」としてひとくくりにするのはいかがなものか……。

　しかし、台湾の食堂で食べるヤギ肉は、不思議と食べやすい。スパイスや沙茶醤《サーチャージアン》などの香りの強い調味料を使うことが多いので、苦手な人でも抵抗なく食べられます。羊肉と書いてヤギ肉。騙されたと思ってお試しを。

雞《ジー》肉《ロウ》（トリ）

　台湾の鶏肉は日本のものよりも断然美味しいです。なぜなら、ブロイラーよりも地鶏（土雞）が一般的だから。市場に並ぶ鶏のほとんどが、足が黒く、がっしりしている地鶏です。むしろ市場ではブロイラーを探すのが大変なくらい。スーパーで地鶏とブロイラーの割合を見ても、地鶏が少し多く並んでいる印象です。

　鶏の調理に関する意識も日本とは違います。新鮮な鶏肉が手に入ったら、台湾では真っ先に「スープにする」という選択をすることが多いです。これ、日本だったら、

足が黒く、がっしりしている地鶏（土雞）

「焼く」という人が多いのではないでしょうか？

ブロイラーに関しては、強め、長めに火を通しても硬くならないので、揚げたり醤油煮込みにしたりするのが推奨されます。さらに細かく言えば、オスかメスかで使い分けることも。オスは運動量が多く、筋肉質で弾力があるので、スープや煮込みに。メスは脂肪が多めで柔らかいので、焼いたり蒸したり、炒めたりするのに適しています。

豬《ジュー》肉《ロウ》（ブタ）

台湾では、豬肉と書いて豚肉。イノシシの肉ではありません。

台湾の豚肉も日本のものより美味しいと思います。市場で売っている豚肉は基本的に台湾産の黒豚なので、臭みがない上、脂もさっぱりで、とても食べやすい。モツ類でさえも、新鮮な上、しっかり処理してあるので、臭みを感じることはほとんどありません。また、排骨と呼ばれる骨がついたお肉の種類も多く、スープにしたり、揚げたりと用途によって部位を使い分けます。日本人の私

豚は爪以外ほとんどの部位が売られています

牛《ニウ》肉《ロウ》（ウシ）

としては、骨つき肉は食べにくいと感じていたのですが、慣れてくると、お肉というのは、骨の周りが美味しいということに気が付きます。

バラ肉に関しては、スーパーで買っても必ず皮付きなのでそこがうれしい！　脂身部分の柔らかさに、プリッとした皮の食感がアクセントになるので、シンプルに塩をふってフライパンで焼いただけでも立派な料理として成立します。

豚や鶏に比べて牛肉の普及率は低めです。台湾は昔、農業国家だったこともあり、仕事の重要なパートナーだった牛を食べる、ということを避ける人も一定数います。スーパーで売られている牛肉は大部分がオーストラリアやニュージーランド産のものですが、市場では台灣《タイワン》黃牛肉《ホワンニウロウ》という台湾産の牛肉を購入することができます。まろやかな香りで、肉質も柔らかく、和牛にも引けをとらない美味しさです。

「どうやって食べるの？」な豆腐たち

日本で暮らしはじめた台湾人の友人に「日本は豆腐の種類が少ないよね。柔らかいのしか売ってない。硬い豆腐も食べたいのに」と愚痴をこぼされたことがあります。そのくらい台湾の豆製品の種類は豊富。仏教徒などベジタリアンが多いことも影響していますが、一般家庭で使うのも、絹ごし（嫩豆腐）と木綿（板豆腐）だけではありません。ここでは、市場の豆腐屋さんで扱われる豆製品などをご紹介します。

① 豆干《ドウガン》

脱水して圧縮した豆腐を、カラメル水や黒糖水で煮て防腐処理をしたもの。スパイス類を加えたものや、一口サイズの小さいものもあり、種類豊富。台湾で「豆腐」といえば、これを指すくらい一般的。

② 白豆干《バイドウガン》

脱水して圧縮した豆腐。①の豆干のような防腐処理をしていないので保存期間が短く、市場などで見かけることは稀でしたが、健康的な観点から、最近では流通が増えています。

③ 油豆腐《ヨウドウフー》

三角形の台湾版厚揚げ。日本のものより豆腐感は少なく長く煮込んでも煮崩れしません。食堂やお弁当のおかずの定番。

④ 百頁豆腐《バイイエドウフー》

大豆蛋白やサラダ油、でんぷんなどを使った、豆腐にあって豆腐にあらずな豆腐。もちっとした食感で、滷味で人気の具。豆腐類の中では群を抜いて高カロリー。

⑤ 炸豆《ジャードウ》腐《フ》皮《ピー》

揚げ湯葉。鍋に欠かせない具のひとつ。炸豆圈というぐるぐる巻にしたものもあります。

⑥ 白干絲《バイガンスー》

細長い、麺状の押し豆腐。日本でも最近、豆腐干と呼ばれ、ヘルシー食材として人気がありますが、台湾では特にヘルシーという認識はなく、食感のいい冷菜向きの豆腐として扱われます。薄く幅広なリボン形状のものもあります。

⑦ 五香干絲《ウーシアンガンスー》

八角や五香粉を加えて、カラメル色素などで色付けした茶色い豆腐干。主に炒め物に使われます。

⑧ 魚豆腐《ユードウフー》

名前に豆腐という文字がつき、豆腐屋さんで売られていますが、原材料は魚のすり身。柔らかく弾力があって、煮込み料理に適しています。

⑨ 麵腸《ミェンチャン》

小麦グルテンをモツのような形状にした麵腸。素食（ベジタリアン食）にはなくてはならない食材。切ってから、煮たり、炒め煮にしたりして調理します。

⑩ 素腰花《スーヤオホワ》

豚の腎臓に似せたグルテン。スープ料理に使われることが多いです。

その日の気分でチョイスしたい麺たち

麺の種類も日本より豊富な台湾。市場では、店先に様々な麺を並べる専門店もよく見かけます。台湾では、食堂や屋台で麺料理を頼むと、どの麺がいいか聞かれることが多いです。だいたい2〜3種類の選択肢があるので、私の場合は、その日の気分やお腹の空き具合、スープとの相性を考慮して選びます。ここでは、台湾でよく食べられている麺について紹介するので、ぜひチョイスの参考にしてみてください。

① 粄條《バンティアオ》
水で溶いた米粉を平たいバットに流し、蒸したものを細長く切ったきしめん状の麺。客家の伝統的な麺で、スープ麺、汁なし麺、炒麺と食べ方は様々。

② 冬粉《ドンフェン》
日本でいう春雨。緑豆やジャガイモ、サツマイモから採取されたデンプンを原料として作られます。シンプルな塩味のスープに合います。

③ 意麺《イーミェン》
日本のインスタント麺のもとになったともいわれる卵入りのちぢれ麺。一般的な麺は中力粉を使って作るのに対し、意麺は強力粉を使います。汁なしの混ぜ麺として食べることが多いです。

④ 陽春麺《ヤンチュンミェン》
白く細いですが、素麺ほどは細くない麺。こちらは薄力粉を使って作ります。具がほとんど入らないシンプルなスープ麺として食べることが多いですが、汁なしの混ぜ麺にも使われます。

⑤ 油麺《ヨウミェン》
一度湯通しし、油を絡めた麺。台湾で最も広く食べられている麺です。特に、ゴマダレを絡めて食べる涼麺にはなくてはならない存在です。炒麺やスープ麺として食べるのも一般的。

⑥ 刀削麺《ダオシャオミェン》
小麦粉と塩、水を使って作った生地の塊を、専用の包丁で削ぎとってから茹でる麺。短く分厚いぶん、伸びにくいのでお持ち帰りにもおすすめ。

⑦ 米粉《ミーフェン》
ビーフン。米と水だけで作るのが本来の形ですが、緑豆デンプンやコーンスターチを混ぜたものが多く流通しています。米だけで作ったものは、調理中に切れやすいので、見分けるのは容易。

⑧ 拉麺《ラーミエン》
ラーメンと読みますが、日本のラーメンとは別もの。生地を切ってから、手で引き伸ばして細くしていく麺です。一般的に牛肉麺にはこの麺が使われます。

⑨ 米苔目《ミータイムー》
米粉から作られるうどん状の麺。塩味のスープに入れて食事にすることもあれば、甘いシロップや氷と一緒にスイーツとして食べることもあります。

⑩ 麺線《ミェンシェン》
素麺によく似ていますが、素麺よりも塩分は控えめ。白いものと、一度火を通してから乾燥させる茶色いものがあり、日本人に人気の小吃「大腸麺線」などには茶色いタイプを使います。

台北おすすめ市場

台湾には魅力的な市場がたくさんあり、語り始めると本が1冊できてしまうくらいなので、ここでは私がよく行く市場を厳選して3つご紹介します。

東《ドン》門《メン》市《シー》場《チャン》

MRT東門駅一番出口を出てすぐの市場。交通の便が良い上、種類豊富で値段もお手頃。市場の建物の外、臨沂街75巷という通り沿いに並ぶ路面店が特に安く、珍しいものを扱っています。他の市場よりも値段の表示が明確で買い物しやすいのもうれしい。食堂も美味しいところがたくさん！

南《ナン》門《メン》市《シー》場《チャン》

大陸から台湾に伝わった食材が多い市場。生鮮以外にも、様々な地方の粽やお菓子など、珍しいものがあり、見ていて飽きません。乾物も豊富なので、迪化街に行かな

右：東門市場
左：南門市場

濱江市場

濱《ピン》江《ジアン》市《シー》場《チャン》

くても大抵のものは揃います。美味しく質が良いものが多けれど、値段は他の市場より高め。

老朽化に伴う工事のため、2023年5月現在、仮設市場（住所p35）で営業中。新市場完成後は、台北市中正區羅斯福路一段8號に移転します。

建物の中の卸売り市場と場外市場に分かれるので、一般消費者や観光客は場外市場へ。新鮮な野菜や魚介が所狭しと並んでいて、とにかく活気に溢れています。路地もいくつかあるのでけっこう迷います。食材に囲まれて方向感覚を失うなんて至福以外の何ものでもありません。他の市場よりも閉場時間は早く、12時にはほとんどのお店が店じまいをはじめるので注意。実は飛行機撮影のベストスポットでもあります。

その他にも、松江市場、雙連早市、長春市場向かい側に伸びる野外市場なども私がよく行く市場です。台北ではなくお隣の新北市ですが、板南線の龍山寺駅から2駅の新埔駅一番出口を出たところの新埔市場も便利です。

多くの市場には食材だけでなく、生活用品も売られており、曜日によっては珍しいお店が出店するので、いつ行っても新しい発見があります。

美味しいお肉が食べられるお店

雞優殼養生藥膳 嘉興店（ウコッケイ）

住所　台北市信義區嘉興街181巷11號1樓
時間　11:00～21:30
地鶏の薬膳スープ専門店。全てのメニューは地鶏からウコッケイに変更可能。鶏のだしがしっかり出ているスープにも、弾力のあるウコッケイにも旨味がたっぷり。生理後に飲むと良いとされる四物湯もあります。

古城古早麵（ガチョウ）

住所　台北市松山區市民大道四段55號
時間　11:30～14:30／17:00～21:00
担仔麵のようなさっぱり麺や定食のお店ですが、ガチョウ肉も抜群に美味しい。骨がなく食べやすい胸肉は、しっとりしていて柔らかく、脂も適度にのっています。どのメニューにも外れがありません。

東門鴨荘 中正総店（アヒル）

住所　台北市中正區金山南路一段134號
時間　10:00～14:00／15:00～19:00
鴨のローストやチャーシュー、鶏の醤油煮をはじめとした燒臘（香港式お肉乗せごはん）のお店。パリッとした皮に、引き締まった肉質が味わえる鴨のほか、お肉類がどれも美味しく、ごはんが進みます。

東門赤肉羹（ブタ）

住所　台北市中正區臨沂街56號
時間　6:30～14:30　土曜日13:30まで（日曜定休）
東門市場の隅にある、豚のとろみスープのお店。鰹出汁が効いたスープの中に、歯ごたえがありながらも柔らかく調理された豚肉がたっぷり。麺やごはんを入れることもできます。

田家荘専業羊肉 薬膳羊肉（ヤギ）

住所　台北市中山區中山北路一段140巷19號
時間　月～金12:00～14:00／17:00～22:00
土16:00～22:00（日曜定休）
羊肉の焼きそばが美味しいお店。お肉そのものの臭みが少ない上、ハーブや薬膳の香りで食べやすく仕上がっています。炒め物のほか、羊肉鍋（羊肉爐）も昼から食べられる貴重なお店。ヤギ肉ビギナーにも◎。

黑點雞肉食堂（トリ）

住所　台北市大同區華亭街38號
時間　月～金7:30～19:00　土7:00～18:30（日曜定休）
MRTの最寄駅から徒歩10分と、少々歩きますが、台湾の地鶏を味わいたいなら外せないお店です。看板メニューの蒸し鶏は、時価となりますが、一皿だいたい70元くらい。しっとりと柔らかい鶏肉と、雞油飯の組み合わせは完璧。半熟の煮卵も見逃せない。朝7時半には開店しているので朝食にもおすすめ。

御牛殿 東門店（ウシ）

住所　台北市中正區臨沂街70號
時間　10:30～15:00／16:00～20:00
新鮮で安全、高品質な台湾牛を購入できる他、店内で牛肉麺などを食べられるお店。ここの牛肉麺は、ちょっと珍しいタイプで、麺の上に生の牛肉がのって出てきます。そこにアツアツのスープを注ぎ、レア状態になったお肉を、塩やタレにつけて食べつつ、麺をいただくスタイルです。シンプルなスープとコシのある麺が台湾牛の美味しさを引き立てます。

色々な麺を食べられるお店

和妹麵店

住所　台北市吉林路121號
時間　基本的に月曜日から日曜日まで24時間営業
24時間営業でありながら、味のクオリティーも高い便利なお店。ご飯類も充実しています。

古亭市場無名黑白切麵攤

住所　台北市大安區羅斯福路二段77巷1號
時間　8:00～14:00
古亭市場内にある名前のない麺屋台。ごくシンプルな麺と、ほかほかの蒸しホルモン（黑白切）、茹で野菜などがメイン。

東門市場で食べるなら

住所：台北市中正區信義路二段81號　時間：7:00～14:00（月曜定休）

麗園壽司

住所　台北市中正區連雲街74之3號

時間　7:30～14:00（月曜定休）

金針排骨脆腸冬粉　120元

いなり寿司や巻き寿司と、揚げ豚肉のスープ類を提供する不思議なお店。

お店の前に、右側にはお寿司の屋台、左側にはスープ料理の屋台が。

金針排骨脆腸湯（百合の花と揚げ豚、モツのスープ）に冬粉（はるさめ）を入れるのがおすすめ。

御紘福福州魚丸店

住所　台北市中正區臨沂街75巷1號（東門市場内）

時間　火から土7:00～18:00

日7:00～13:30（月曜定休）

魚丸湯麵　70元

福州魚丸という練り物スープのお店。福州から伝わった魚丸は、魚の練り物の中に肉餡が入って、かじると肉汁がジュワッ。魚の中に肉という、和食にはない発想も大好きな料理のひとつです。油麵を入れて食べるのがおすすめ。自家製の台湾泡菜（台湾キムチ）も美味しい！

南門市場で買うなら

住所：台北市大安區杭州南路二段55號

（元の住所は工事中）

時間：7:00～18:00（月曜定休）

億長御坊　南門市場創始店

住所　南門市場内B13-B18

時間　8:30～18:00（月曜定休）

京都排骨　300g 250元　心太軟 300g 370元

色とりどりで見ているだけでも楽しくなるお惣菜屋さん。どれも丁寧に作ってあり、味も抜群なので、いつもおばちゃんたちで混雑しています。売る方も買う方も迫力たっぷりなので、そこを割り込んで食べたいものを叫ぶ勇気が必要なこともありますが、確実に美味しいので乗り越えましょう。新光三越やSOGO、台北101などにも店舗があり、こちらはもう少し余裕を持って買うことができます。

合興糕糰店

住所　南門市場内B01

時間　7:30～18:00（月曜定休）

年糕　100元

70年以上の歴史を持つ米粉、小麦粉を使ったおやつの名店。甘いものの他、包子（肉まん類）や粽子（粽）なども人気。端午節は粽子、中秋節は月餅、冬至は湯圓（白玉）、春節は年糕（お正月のお餅）と、イベントごとに通っては、行事と関係ないものまであれこれ買ってしまいます。

南門醬園

住所　南門市場内B32-33

時間　7:00～19:00（月曜定休）

質の良い干し椎茸やナッツ類の他、地球牌というメーカーの冬菜（※）など、なかなかスーパーでは手に入らない調味料を購入できます。

濱江市場で買う・食べるなら

住所：台北市中山區民族東路336號

時間：6:00～13:00（月曜定休）

光田製麵

住所　台北市中山區龍江路370巷29號

時間　5:30～14:00

製麵所で作った麵を店先で売るお店。ないものはないくらい様々な麵の取り扱いがあります。生麵だけでなく、日持ちする乾麵が売っているのもうれしい。緑の海苔入り乾麵がツルツルの食感でお気に入り。

珮慈的炸雞

住所　台北市中山區龍江路342巷53號

時間　木～日9:00～14:00（月～水定休）

外はカリカリ、中はジューシーなフライドチキンの他、魚やつみれの揚げ物、フライドポテトや揚げソーセージなどを売るお店。毎回人だかりで買うのに苦労するけれど、その甲斐がある美味しさ。強気の週4営業。

現做赤肉焿魯肉飯

住所　台北市中山區民族東路410巷11號1樓

時間　6:00～13:00（月曜定休）

コクがあって美味しい魯肉飯と、豚肉とろみスープのお店。非常にローカルな雰囲気で、お肉屋台にぶら下がる豚の内臓などを見ながら食べられる席がお気に入り。

※ 細かく切って干したキャベツや白菜とにんにくのみじん切りを塩づけにした調味料。塩味のスープや春雨スープに入れると香りが増して、味もひきしまる。

美味しいものを買える・食べられる迪《ディー》化《ホウ》街《ジエ》

台湾土産でお馴染みの、からすみやドライフルーツなどを購入できるのが迪化街。19世紀末、淡水河の港町として栄えたこの場所には、各地の特産物を扱う問屋が数多く集まり、それらの店が今でも残されています。

私が迪化街で買い物するのは、いつも午前10時くらいから。まずは行列の少ないこの時間に永樂市場で油飯を買い、裏手の屋台で朝食に牡蠣とニラのかき揚げを食べてから市場の中を見て回ります。そうこうしているうちに麥芽餅の屋台が出るので、自宅で食べるおやつを買ってから、大橋頭駅方面に向かって歩いていきます。

迪化街には、レトロな街並みに合わせるかのように、おしゃれで可愛いバッグや雑貨、洋服などもたくさん売られていますが、口に入るもの関係のみご紹介します。

迪化街で買える美味しいおみやげ

私が迪化街に行く時は毎回、買うものを決めて、ミッションを定めます。しかし、珍しい乾物、漢方などに目移りして、それらも購入してしまうので、結局ひとつぐらいは買い忘れがあるのが常なのですが……。ここでは私が迪化街のミッションとして掲げることが多い美味しいもの、使えるものを集めました。

昔懐かしい麥芽餅《マイヤービン》

リッツのようなクラッカーにねっちりとした麦芽飴を挟んだ素朴なお菓子。今すぐその場で食べたい大きめサイズのものと、お土産や食べ歩きにぴったりな小さいもの（甘さ控えめ）を袋詰めにしたタイプとがあります。特に小さいもの（賞味期限3日）がおすすめ。

カラフル可愛い豆類

台湾は、日本以上に豆類が豊富です。豆花のトッピングにも、様々な種類の豆類や穀物が並び、毎回選ぶのに

右：昔懐かしい麥芽餅
左：カラフル可愛い豆類

苦労するほど。私がよく買うのは、粟や小豆、黒豆、黒米、生のピーナッツなど。どれも日本よりも安く買うことができます。これらはP32で紹介したような市場でも売っていますが、迪化街のほうがやはり種類は豊富。特に金豊春商行で買うものは鮮度も高く、おすすめです。

ボタンみたいな極小干し椎茸、鈕扣菇《ニウコウグー》

干し椎茸も日本よりも安く買える食材のひとつです。鈕扣菇は日本では見かけないくらいの極小サイズの干し椎茸で、直訳するとボタン（鈕扣）きのこ（菇）。小さいゆえに切る必要もなく、スープや煮物、粽《ちまき》にそのまま入れられます。小さいながらも旨味がぎゅっと凝縮されていて、手放せないアイテムのひとつです。

毎月やってくる生理対策に加味四物湯《ジアウェイスーウータン》

台湾の女性が生理の前後2〜3日に飲むのが四物湯。4つの漢方（當歸、川芎、白芍、熟地）を合わせて煮出して飲

極小干し椎茸、鈕扣菇

右より
加味四物湯、紅麺線、十三香粉

むことで、補血の効果があるとされています。スーパーでも売っていますが、迪化街で新鮮なものを買うのがおすすめ。飲みやすいものではないですが、どうせ飲むなら、質や香りが良いものがいいに決まっています。

台湾でもなかなか買えないレアな麺・紅麺線《ホンミエンシエン》

日本人に人気の台湾小吃「大腸麺線」「蚵仔麺線」に使われる麺。日本でも再現したいと思い、観光で訪れていた頃にいつも探していました。スーパーや市場で蚵仔麺線と書いてある麺をみつけても、多くが味付きのインスタントで、なかなか本物が手に入らないのです。そんな中、この紅麺線は本物。少し湿った半生タイプとしっかり乾いたタイプがあり、半生は40杯、乾麺は50杯の麺線が作れます。

五香粉のスーパー進化版・十三香粉《シーサンシアンフェン》

台湾料理を作る上で重宝する五香粉。一般的に、花椒、八角、桂皮(シナモン)、丁香(クローブ)、小茴香(フェンネル)などを合わせたものですが、そこにさらに8種のスパイスを加えたものが十三香粉です。最初に八角などの重めの香りを感じ、最後にはすっきりとしたカルダモンが鼻に抜けていくような印象で、長く香りの余韻を楽しむことができます。五香粉を使う料理すべてに応用できます。

右：天然ゼリーの種・愛玉子
左：紙コップと持ち帰り用アイテム

寒天よりも簡単な天然ゼリーの種・愛玉子《アイユーズ》

日本でも中華デザートとして出されることがあるオーギョーチのもとになる種。台湾では、愛玉《アイユー》と呼ばれ、夜市や屋台でも食べることができます。作り方は、ゼリーや寒天よりも簡単で、この種を布袋に入れ、水の中で揉んで放置するだけ。冷蔵庫に入れずとも勝手に固まります。レモンシロップをかければ台湾の夏に欠かせないデザートの出来上がり。

※レモンシロップは豆花のシロップ（Ｐ１３２）にレモン（１／２）をうすく輪切りにしたものを浮かべればできます。

紙コップと外帯《ワイダイ》（持ち帰り用）アイテム

食堂や屋台でお持ち帰りをするときに使われる蓋つきの紙のお碗やお弁当箱。料理のお裾分けや、保存に便利です。台湾花柄の紙コップは使い捨てするのが惜しくなる可愛さ。持ち帰り用アイテムは、第２章で紹介する生活五金にも売られていますが、やはり専門店のほうが種類は豊富です。

迪化街で食べたい美味しいもの

買い物だけでなく、美味しい地元グルメでお腹を満たせるのも、迪化街に足繁く通ってしまう理由のひとつです。ここでは、気がついたら毎回吸い込まれるように入ってしまうお気に入りのお店と料理を紹介します。

サクサクとろりな牡蠣とニラのかき揚げ、蚵嗲《オアデ》

牡蠣とニラをかき揚げのように揚げたスナック感覚の料理が蚵嗲。揚げたてサクサクの衣を頬張ると、中には絶妙な具合に火が通った牡蠣とニラがいっぱい。迪化街古早味蚵嗲（p44）は、小さな屋台ですが、人気店なので、並ぶこともしばしば。これを食べると迪化街に来た目的の半分くらいは達成したような気分になります。

並んでても買いたい台湾版お赤飯、油飯《ヨウファン》

有名すぎるほど有名なので、この本でわざわざ取り上げるか迷いましたが、やはり迪化街に行くからには外せない料理です。油飯は、朝食や家庭料理としても食べられる他、子どもが生まれた際に、親戚や身近な人に配っ

牡蠣とニラのかき揚げ、蚵嗲

たりもするお赤飯のような役割も果たすおこわ料理です。林合發油飯店の油飯は、ごはん部分が薄味で、上にのったたっぷりの干し椎茸と干しエビ、豚肉にしっかりと醤油の味がついているのが特徴。そのため、途中で飽きたり、しつこく感じたりすることもなく、あっという間に完食してしまいます。息子も大好きな味なので、私の場合、購入したら、その日の夕食や翌日の朝ごはんにするのが定番。熱々を受け取って、買い物が終わるくらいに冷めるので、帰宅したらちょうどよく冷蔵庫にいれることができます。

子どもも好きな湯葉巻きお肉、雞捲《ジージュエン》

にんじんや玉ねぎなどを混ぜ込んだひき肉を湯葉に包んで棒状にして揚げた料理が雞捲。雞という字がつきますが、使用しているのは豚肉。見た目が鶏の首のように見えることが名前の由来です。永樂雞捲大王のものは、ひき肉ではなく、ごろっとした塊肉や大きめに切った玉

右：台湾版お赤飯、油飯
左：湯葉巻きお肉、雞捲

右：豆花スタイルの杏仁豆腐
左：澄んだスープの豚足麺

ねぎを使っており、その場合、食感が少し変わってみずみずしくプリッとした食感が楽しめます。

豆花スタイルの絶品杏仁豆腐

豆花のように豆やもち系のトッピングができる杏仁豆腐のお店が夏樹甜品。やさしく香る杏仁ミルクの中につるりと柔らかい杏仁豆腐が浮かんでいて、それだけでも美味しいのに、さらに滋味あふれるトッピングがいっぱい。杏仁のこんにゃくゼリーはマストで入れたい。杏仁かき氷も美味しい！

澄んだスープのスッキリ豚足麺

迪化街エリアの中でも特にローカルな雰囲気が漂う大稲埕慈聖宮廟前美食街。お寺の前に茂るガジュマルの木の下に20件近くの屋台が連なっています。どのお店でも昔ながらの台湾小吃を食べられますが、絶対外せないのが許仔豬脚麵線の豚足スープ麺。一般的な醤油煮込みの豚足スープとは違ってここのスープは透明。お肉がいっぱいですが、すっきりした生姜の風味でさっぱりといただけます。

迪化街のおすすめのお店

迪化街純正麥芽餅

住所　台北市大同區南京西路233巷19號
時間　11:00〜19:00
小さいもの1袋　60元／大きいもの1枚　20元
小さな屋台ですが、平日の夕方近くと休日には行列ができます。子どもだけでなく、大人にも人気で、かなりの数をまとめ買いする人も。

金豐春商行

住所　台北市大同區迪化街一段145號
時間　9:00〜20:00（日曜定休）
朝早くても必ずお客さんがいる知る人ぞ知る豆類の名店。皮むき生ピーナッツも置いてあります。これを使うと、ピーナッツを甘く煮る時の手間がだいぶ省けてありがたい！

勝隆南北雜貨行

住所　台北市大同區迪化街一段258號
時間　月〜土9:00〜19:30　日10:30〜17:30
愛玉　150元／鈕扣安菇　200元
様々な大きさの干し椎茸が、それぞれ巨大ビニール袋に入って並んでいますが、店頭には小分けにしたものもあり、買いやすい。台湾産の乾燥キクラゲも見逃せません。愛玉子も置いてあります。

和新蔘薬行

住所　台北市大同區迪化街一段188號
時間　月〜土10:00〜20:00　日10:00〜18:00
加味四物湯　100元
本格的な漢方から、台湾料理に便利な薬膳パック、お茶やドライフルーツまで揃うお店。商品数は多すぎず、整然と並んでいるので選びやすい。個人的に、四物湯は、ここのブレンドが一番美味しいと思っています。

迪化街古早味蚵嗲

住所　台北市大同區民生西路362巷40號
時間　10:00〜17:30（月曜定休）
蚵嗲　50元
永楽市場の裏手にある、小さな屋台。蚵嗲の他、長さ20cmくらいのニラの天ぷら（韭菜條）や豚の腸にもち米を詰めたもの（糯米腸）の天ぷらもあります。隣でしじみの醤油漬け（鹹蜆仔）も売っており、こちらも美味。

林合發油飯店

住所　台北市大同區迪化街一段21號（永楽市場内）
時間　7:30〜12:00（月曜定休）
油飯　600g　120元
行列のできない日はない油飯の名店。鶏のもも肉や煮卵をのせて、豪華版にすることも可能です。タロイモと米粉で作った芋粿巧も人気。

永樂雞捲大王

住所　台北市大同區延平北路二段178號
時間　7:30〜13:00（月曜定休）
雞捲　75元
雞捲の人気店。お昼に近くなるにつれ、行列が。紅麹をつけて揚げた豚肉（紅燒肉）も、雞捲に負けない美味しさ。

夏樹甜品

住所　台北市大同區迪化街一段240號
時間　10:30〜18:30
杏仁豆腐　100元
豆花が好きな人にぜひ試してもらいたい杏仁豆腐のお店。もしかしたら豆花よりもハマるかも？　トッピング式で、日本の杏仁豆腐の常識を覆すお店。

許仔豬脚麵線

住所　台北市大同區保安街49巷17號
時間　10:00〜19:00（日曜定休）
豬肉麵線　120元
お昼前には必ず行列ができる人気店。行列を避けるには、朝10時までに行くのがおすすめです。コラーゲンたっぷりの豚足麺の他に、肉感がある腿肉麺もあり、こちらも人気。

勝豐食品行

住所　台北市大同區迪化街一段154號
時間　9:00〜19:00（日曜定休）
紅麵線　150元
麺線の他にも、ビーフンや刀削麺など、様々な乾麺を専門に扱うお店。地方の麺なども豊富。麺の保存方法も教えてもらえます。

有多聞稲埕香料館

住所　台北市大同區西寧北路104號1樓
時間　月〜金9:00〜19:00
　　　土9:00〜17:00（日曜定休）
十三香粉　90元
店内のすべての商品は小瓶に入ったサンプルで香りをかぐことができます。あっという間に時間がすぎてしまうのでスケジュールに余裕がある時に行くのがおすすめ。

華源商行

住所　台北市大同區歸綏街237號
時間　8:30〜18:00（日曜定休）
外帶（持ち帰り）容器の専門店。店頭に様々な商品がぶら下がっているので、お気に入りを見つけやすい。客家の花柄紙コップは、他ではなかなか見つかりません。

古《グー》早《ザオ》味《ウェイ》三《サン》明《ミン》治《ジー》

〔昔ながらの台湾サンドイッチ〕

台湾で最も一般的なサンドイッチ。朝ごはん、軽食として親しまれています。
最近は卵とチーズを片方ずつ挟むものも増えています。

❖材 料❖（2人分）

- サンドイッチ食パン……4枚
- 卵……1個
- ハム……1枚
- マヨネーズ……大さじ1.5
- グラニュー糖……小さじ1/2
- 塩……少々

台湾の食材で

台湾の甘いマヨネーズを使う場合は、砂糖を省いてください。

❖作り方❖（1人分）

1. マヨネーズとグラニュー糖を混ぜておく。
2. 卵に塩を少々加えてとく。玉子焼き器にサラダ油（分量外）を入れて熱し、薄焼き卵を作り、半分に切る。
3. パン1枚に①のマヨネーズの1/6を塗る。
4. その上に薄焼き卵を一枚のせ、マヨネーズの1/6を塗る。
5. もう一枚パンを重ね、その上に①のマヨネーズを塗り、ハムをのせて、さらにマヨネーズを塗る。
6. パンを重ねてマヨネーズを塗り、薄焼き卵をのせ、さらにマヨネーズを塗り、最後のパンを重ねてから少し手で押さえ、斜めに切る。

豆《ドウ》漿《ジアン》

〔台湾式豆乳〕

攪拌した大豆を、濾してから加熱するタイプの台湾の豆乳です。
無糖もいいけれど、台湾らしく飲むなら三温糖で甘くしたいですね。

❖ 材 料 ❖ （2人分）

大豆	70g
水	3カップ
三温糖	30g

❖ 作り方 ❖

1 大豆を洗って、たっぷりの水（分量外）に、6時間ほど浸しておく。

2 水気をしっかり切った①と水をミキサーに入れて、攪拌する。

3 ②をさらしで濾して、絞り、鍋に入れ、中火で沸騰させる。

4 弱火で3分程度加熱し、三温糖を加える。

台湾の食材で

三温糖は台湾では二砂糖という名前で売っています。
大豆を絞る専用の袋は還河南路（p78）で購入できます。

鹹《シェン》豆《ドウ》漿《ジアン》

〔豆乳のおぼろ豆腐スープ〕

台湾の伝統朝ごはんといえば、鹹豆漿。豆乳がお酢の力で
おぼろ豆腐のように固まっていくので、食べるスープ感覚でいただけます。

❖材 料❖（4人分）

無調整豆乳……………………2カップ
ザーサイ（幅3mmの細切り）……15g
桜エビ（粗みじん切り）……… 大さじ1
わけぎや青ネギ（小口切り）
……………………………… 大さじ1.5
ゴマ油…………………………小さじ1
醤油……………………………大さじ1
お酢……………………………大さじ1
塩……………………………小さじ1/4
ラー油（お好みで）……… 小さじ1/2

A｜油麩やお麩、フランスパン
　｜などを揚げたもの…… 適量
　｜パクチー…………………… 適量

❖作り方❖

1 フライパンにゴマ油を弱火で熱し、桜エビを炒める。香りが立ったらザーサイを加えて軽く炒め、わけぎ、塩、お酢、醤油と共に大きめのお椀に入れる。

2 豆乳をテフロン加工の鍋やフライパンに入れ、沸騰直前まで温めて①に注ぐ。

3 Aをのせ、お好みでラー油をまわしかける。

台湾の食材で

日本ではお麩やフランスパンを揚げて油條（台湾式揚げパン）の代用品とすることが多いですが、無理に入れなくてもかまいません。台湾では、カルフールなどでパックに入った油條を購入することができます。

蘿《ルオ》蔔《ボー》糕《ガオ》

【台湾式大根餅】

日本でもお馴染みの大根餅は、
台湾では朝ごはんでもあります。
具沢山の香港式大根餅に対して、
台湾式大根餅は
ごくシンプルで、飽きのこない味わいです。

❖ 材 料 ❖ （17～18センチのパウンド型 1つ分）

大根（皮をむいて千切りにする）……300g
タイ米（3～4時間、水につけておく）……150g
水……1カップ
干しエビ（5分ほど水につけてから7mm角に切る）……10g
玉ねぎ（みじん切り）……30g
サラダ油……大さじ2
塩……小さじ1/2
白胡椒……小さじ1/4
グラニュー糖……小さじ1/3

【甜味醬油膏】……※台湾で購入も可能

グラニュー糖……小さじ2
水……60ml
醤油……大さじ1.5
鶏ガラスープの素……小さじ1/4

片栗粉……小さじ1

❖ 作り方 ❖

1 まずは甜味醬油膏《ティエンウェイジアンヨウガオ》を作る。小鍋に材料をすべて入れ、ゴムべらでかき混ぜながら、とろみがつくまで弱火で加熱する。

2 タイ米をつけておいた水を捨てて、新たに水を加える。ブレンダーやミキサーで米の粒が1mmくらいになるまで、よく撹拌し、大きめのボウルに入れる。

3 フライパンにサラダ油を弱火で熱し、玉ねぎを炒める。透き通ってきたら干しエビを加えて香りが立つまで炒める。

4 大根と水50ml（分量外）を入れて強火で炒め、大根が柔らかくなったら塩、白胡椒、グラニュー糖を加えて味を整える。

5 ④を②に入れて、湯煎をしながら混ぜ、糊状にする。

6 パウンド型の内側にサラダ油（分量外）を塗り、⑤を流し込む。

7 蒸気のあがった蒸し器に入れて、70分ほど強火で蒸す。

8 蒸しあがったら、常温になるまで冷まし、型から外して適当な大きさに切る。

9 フライパンにサラダ油（分量外）を入れて熱し、両面焦げ目がつくまで焼く。甜味醬油膏をかけて食べる。

台湾の食材で

台湾で油蔥酥（揚げエシャロット）を購入した場合は、玉ねぎを省き（炒める工程も省く）、④で油蔥酥を10g程度加えてください。また在來米粉（長粒米粉）を購入すれば、直接水を入れてかき混ぜるだけで良いので、タイ米を水に浸して攪拌する手間が省けます。

蛋《ダン》餅《ビン》

〔台湾卵クレープ〕

蛋餅には、出来合いの薄い生地を使うもの、パイ系、もっちり系など様々なタイプが。
ここでは腹持ちの良いもっちり系「粉漿蛋餅」のレシピをご紹介します。

材 料（3人分）

- 卵……2個
- 薄力粉……80g
- 片栗粉……20g
- 水……1カップ
- サラダ油……適量
- 青ネギ（小口切り）……5g
- コーン（缶詰・汁を切る）……90g
- スライスチェダーチーズ‥3枚
- 甜味醤油膏（P48参照）

台湾の食材で

台湾旅行や通信販売で「地瓜粉（さつまいもでんぷん）」が買える場合は、片栗粉と置き換えてください。

作り方（1人分）

1. 卵は軽くといておく。
2. 薄力粉と片栗粉に水を加えて、泡立て器でよくかき混ぜ、青ネギの小口切りを加えてさらに混ぜる。
3. フライパンにサラダ油を適量熱し、②の1/3を流し、なるべく薄く広げる。
4. 中火で少し焦げ目がつくまで焼き、①の1/3を上から流して広げる。
5. 卵の表面が固まって動かなくなったら、チーズを半分に切ってのせて加熱し、溶けてきたら、コーンを散らす。蛋餅の上下を真ん中に折りたたむ。
6. ひっくり返して軽く焼き、お皿にのせ、キッチンバサミ等で食べやすく切る。甜味醤油膏をかけて食べる。

第2章 台湾の昼

双泰中古
餐飲設備
廚房規劃
2388-7770
大銓冷凍
新舊買賣
專業設計
歡迎批購
永順餐飲設備
0922-977-189
金龍
玻璃櫥
訂做
0933067252
專營
訂做
商
0933067252
附設
大舞台
宴會·包廂
卡拉OK

食をテーマとした台湾旅行。
お昼から午後にかけては、生鮮以外の食材や、
キッチン雑貨などに親しむのも楽しいと思います。
もちろん美味しいお昼ごはんや軽食、
おやつも楽しみたい。
ここでは、私が日常生活の中で、
ふらっと立ち寄るお店や場所と、
そこにある料理、商品を、
厳選してご紹介します。

ランチに食べるなら

ここでは台湾でランチによく食べられているものをご紹介します。これらのメニューはお店さえ開いていれば朝食べてもいいし、夜食べてもいいものばかり。でも台湾に来たからには、朝食は朝ごはん屋さんや市場で食べるでしょうし、夕食は夜市や熱炒など夜ならではのものを食べるのが楽しいと思います。そこで、その他の台湾を代表する料理をランチとして提案しています。

牛《ニウ》肉《ロウ》麺《ミエン》

台湾に来たらぜひ味わってもらいたいのが牛肉麺。一般的に、牛骨と豚骨がベースのだしで、牛の塊肉や野菜を煮込んで作るスープ麺のことを指します。醤油味の紅焼《ホンシャオ》牛肉麺が一番ベーシックですが、塩味の清燉《チンドウン》牛肉麺や、紅焼をベースにトマトを加えた番茄牛肉麺《ファンチエニウロウミエン》などのバリエーションがあり、こちらも人気。入れる麺は拉麺という手で軽く引き伸ばして作るシンプルな麺か、刀削麺が一般的です。酸菜《スワンツァイ》という高菜炒めのようなお漬物を入れると、コクのあるスープにアクセントがついてまた美味しい。

地元民は、それぞれにお気に入りの牛肉麺屋さんを持っていることが多いです。私の友人の中では、市場の中にあるディープなお店を推す人もいれば、水餃子のチェーン店、又一村の牛肉麺が最強！ と言い切る人もいます。

大きめの牛肉麺屋さんのメニューには、必ずといっていいほど水餃子があります。豚肉で作る水餃子をなぜわざわざ牛肉麺のお店に置くのか、台湾に来たばかりの頃は謎でしたが、実は水餃子は、牛肉麺のスープの中に入れることもできるのだそう。お店側が、牛肉湯（牛肉麺のスープ）に、麺ではなく水餃子を入れて、牛肉湯餃として売ることもあるし、お客さんが1個単位で水餃子を頼んで、セルフで牛肉麺に入れ、ワンタン麺のようにして食べることもあります。かなりヘビーな気もしますが、やってみると意外といけます。私のように強靭な胃袋をお持ちの方はぜひチャレンジを。

魯《ルー》肉《ロウ》飯《ファン》

日本で食べる外国料理と、本場の料理に違いはあって当前ですが、今、日本で人気の魯肉飯と、台湾の魯肉飯は別の食べもの、というくらいに違います。

前書『現地発・台湾ルーローハンとお米料理』にもあ

右：玖伍牛肉麺の紅焼牛肉麺（170元）
左：甘記番茄刀削麺（160元）

右：大稲埕魯肉飯の魯肉飯（小／30元）
左：香満園の魯肉飯（小／25元）

れこれ細かく書きましたが、日本の魯肉飯はそれ自体をメインにどんぶりのように食べるのに対して、本場、台湾ではあくまでも脇役です。台湾で日本のどんぶり魯肉飯をみせると「うそでしょ⁉ 魯肉飯だけでこんなに食べられるの⁉︰」という反応が返ってきます。台湾では、何種類かのおかずに対して、ごはんは魯肉飯か白ごはんかを選ぶ、という形なので、量は小さめのお茶碗一膳分が基本なのです。

また、日本の魯肉飯は、豚バラ肉が拍子木切りや角切りになっているものが多いですが、台湾の魯肉飯は、極限まで煮込まれているので、形は歪でまばらです。また豚の皮が多く使われるので肉感は少なめかもしれません。

細かい話になりますが、台湾では、拍子木切りのお肉を使う魯肉飯の正式名称は「手《ショウ》切魯肉飯《チエルーロウファン》」といいます。挽肉タイプは「肉燥飯《ロウザオファン》」と呼び、大きな塊肉を煮込んだものを「魯肉飯」と呼ぶ地域もあります。

お店によって「滷」肉飯とメニューに書かれていることもありますが、「滷」は醤油ベースのスープで煮込むという意味の漢字です。要するに「魯肉飯」と同じなので、この辺りは気にせずに頼んでOKです。

作ればけっこう手間がかかる魯肉飯ですが、お店で食べると1杯30元と激安（日本円にして135円程度）。外食文化が発達している台湾では、今現在、手作りする人は少なく、食堂やお弁当で食べるのが一般的です。魯肉飯のお店でなくても、ほとんどの食堂に置いてあるメニューなので、旅の間、何回か食べることができると思います。お店によって味や形状も違うので、ぜひ比べてみてください。台湾の食堂では、白ごはんのことは忘れ、麺以外の主食は魯肉飯に。台湾料理は和食よりも薄味なので、重すぎることはありません。

雞《ジー》肉《ロウ》飯《ファン》

日本でもジワジワと浸透してきている雞肉飯。台湾好きの間では、魯肉飯と並んで台湾を代表する米料理のひとつとなっていますよね。多くの人がイメージする雞肉飯は、ごはんの上に裂いた鶏の胸肉がのったものだと思いますが、台湾で雞肉飯と名前がつくものは様々。蒸した鶏もも肉を大ぶりに切って醤油ベースのタレをかけたものや、七面鳥を使ったもの（火雞肉飯《フォジーローファン》）もあります。

雞肉飯はもともと、嘉義《ジャーイー》発祥の料理で、当時は安価で鶏よりもサイズの大きい七面鳥を使っていました。現在、雞肉飯といえば地鶏をつかったものが一般的ですが、嘉義にはまだまだ七面鳥を使った火雞肉飯のお店がたくさんあります。

右：梁記嘉義雞肉飯の雞肉飯（45元）
左：鑫耀鑫小吃部の雞肉飯（65元）

魯肉飯も雞肉飯も基本的にはお茶碗一杯分です。お店ではおかずと一緒に頼むのがスマート雞肉飯の美味しさを左右するのは、鶏肉の新鮮さはもちろん、タレに使われる油の風味です。地鶏からとれる鶏油でエシャロットを炒めて香りを移したもので、なんとも食欲をそそる香りがします。お店によっては、肉なしで、この油とタレだけをごはんにかけた「雞油飯」を置いていることもあります。こちらもぜひお試しを。

雞腿飯《ジートゥイファン》と排骨飯《パイグーファン》

右：一級排骨の排骨飯（125元）
左：名家魯肉飯の滷雞腿飯（80元）

日本と同じように、台湾でも、お昼ごはんや晩ごはんにお弁当を食べる人は多くいます。家庭で作るよりはお店のお弁当を買うほうが多く、中でもよく食べられているのは、雞腿飯便當（骨つき鶏もも肉のせ弁当）と排骨飯便當（豚ロースのせ弁当）。雞腿飯便當のほうは、家庭でお母さんが作る場合にも定番です。メインとなるチキンは、揚げたものや煮たもの、焼いたものなど、お店によって様々で、そこに3種類くらいの副菜が添えられるのが一般的です。

排骨飯も同じように、揚げたり煮たりした豚もも肉をごはんの上にのせて、おかずを2〜3種類添えたものをいいます。

台湾には美味しい食堂がたくさんありますが、この3種のおかず全部が美味しいお店というのはけっこう稀で、毎回1種類くらいはハズレがあるものです。副菜を自分でチョイスできるお店も多いので、そんな時はちょっとした審美眼が問われます。ちなみに台湾人に一番人気のない副菜は、ミックスベジタブル炒めなんだとか。

雞腿飯や排骨飯は、お弁当ではなく、お店で定食のように食べることもできます。

水餃《ジェイジアオ》

右：家郷味水餃の綜合水餃（10個60元）
左：雙連高記手工水餃の韮菜水餃（10個60元）

日本でもお馴染みの水餃子ですが、焼き餃子に比べると食べる機会がずっと少ないのではないでしょうか？　台湾ではその逆で、餃子といえば水餃子のことを指すのが基本です。元々は中国発祥の料理が台湾に流れて定着したものですが、サンラータンを合わせて食べるのが台湾ならではの特徴です。

なぜなのか気になって台湾人に聞いてみたのですが、回答は見事にバラバラ。「寒いところから伝わった料理だから、とろみのあるサンラータンと合わせるともっとあたたまるのでは？」、「餃子の茹で汁のとろみを利用してサンラータンを作っていたのでは」、「水餃子をサンラータンに入れて食べると美味しいから。水餃子を食べるとき、最後の数個はサンラータンに入れて味変する」など。どれもなんとなく納得はいきますが、真相はイマイチわからないところです。

それでも、水餃子＋サンラータンの組み合わせがベストマッチなのは確か。台湾で水餃子を食べるなら、ぜひサンラータンも一緒に味わってみてください。

ちなみに、日本で食べるサンラータンにはラー油が入っていますが、本場のサンラータンには入っていません。辛さは、たっぷり入れた白胡椒でつけるもの。餃子のつけだれにラー油を使うお店も少ないです。

素食《スーシー》

三來素食館の素食

台湾で食生活を送る上で、意識しないと不足してしまうのが野菜。多くの食堂には、燙青菜《タンチンツァイ》という茹で野菜に醤油ダレやエシャロットの油をかけたものがありますが、意外と飽きやすいのが難点。そんな時に重宝するのが素食と呼ばれるベジタリアンフードのお店です。台湾は、人口の13％がベジタリアンという菜食大国で、6000を超える菜食レストランがあるといわれています。ベジタリアン食を食べる理由は、以前は宗教的理由がメインでしたが、最近は健康や環境問題のためという人も多いです。また願掛けでお肉を断っているので素食を食べる、というパターンもよく見かけます。

台湾の菜食は5つに分けられます。

①全素……動物性食品の他、葱、ニンニク、ニラ、らっきょう、玉ねぎの5種類の野菜（五辛という）も食べない。

②奶素……全素の食品と乳製品を食べる。

③蛋素……全素の食品と卵を食べる。

④奶蛋素……全素の食品と乳製品、卵を食べる。

⑤植物五辛素……五辛を含む植物製品を食べる。

細かい分類がありますが、野菜不足を解消するという目的であれば、特に意識せず、気軽に楽しむのがいいと思います。

ランチにおすすめのお店

玖伍牛肉麵 正宗川味玖伍牛肉麵

住所　台北市中山區農安街16之1號

時間　10:30～22:30

すっきりとした雑味のないスープの中にもコクとまろやかさを感じる食べやすい牛肉麺。柔らかく煮込んだお肉もごろごろ入っていて満足感もあり。麺は通常の拉麺以外にも、刀削麺や陽春麺を選ぶことができます。牛肉麺以外の麺料理やおかずも多数。

甘記番茄刀削麵

住所　台北市中山區四平街42號

時間　11:00～14:00／17:00～20:00（土・日曜定休）

トマト牛肉刀削麺のお店。看板メニューの番茄牛肉麵（トマト牛肉麺）の他にも蔥油餅（p71）なども。毎日お店の前でトマトを湯むきしている様子からも美味しさが伝わります。

大稻埕魯肉飯

住所　台北市大同區長安西路220巷17號

時間　11:30～20:00

60年前からの味を代々受け継いでいるという名店の魯肉飯は、お碗の上にツヤツヤのお肉がたっぷりとのった神々しい見た目。まろやかなのにしつこくないので、いくらでも食べられてしまいます。半熟の目玉焼きをのせて黄身を絡めて食べるのもいい！

香滿園

住所　台北市大同區萬全街8巷

時間　5:30～13:00（土・日曜定休）

雙連市場にある魯肉飯の屋台。煮卵やトマトと卵の炒め物など、美味しそうなおかずがたくさん並び、ついつい頼みすぎてしまうことも。スープ類も美味しい！

梁記嘉義雞肉飯

住所　台北市中山區松江路90巷19號

時間　10:00～14:30／16:30～20:00（土・日曜定休）

台北で雞肉飯といえばここ、というくらいの有名店。雞肉飯が美味しく、サイドのおかずやスープも完璧。混んでいますが、驚くほど早く料理が出るので、並んでもすぐに順番がまわってきます。

冠鼎雞肉飯

住所　台北市中山區錦州街252號

時間　10:30～20:00（土日定休）

雞肉と魯肉の両方をのせたごはんを看板メニューとするお店。さっぱりタイプの雞肉飯は魯肉飯との相性抜群。麺類もおすすめ。

鑫耀鑫

住所　台北市中正區公園路20巷12號

時間　月～土11:00～20:00　日10:50～20:00

ドンと鶏もも肉がのっているタイプの雞肉飯が食べられるお店。若者にも愛されています。甘めの醤油ダレがかかって万人受けする美味しさ。

名家魯肉飯

住所　台北市中山區民生東路一段50號

時間　10:30～20:30（日曜定休）

魯肉飯はもちろん、それ以外の料理も抜群に美味しいお店。骨つきもも肉を煮た雞腿飯は、醤油と砂糖の甘辛い味付けにスパイスが香り、ごはんがすすみます。炸雞腿（フライドチキン）も美味しい！

一級排骨

住所　台北市萬華區成都路27巷11號B1

時間　12:00～21:00

賑やかな西門の繁華街の地下にあり、入り口は目立たないながらも人気のお店。排骨の、粗挽き黒胡椒がアクセントになった味つけがごはんによく合います。プラス20元でスープとドリンクがつき、お腹いっぱいに。

雙連高記手工水餃

住所　台北市中山區民生西路17號

時間　月～金16:15～23:00 日9:30～21:00（土曜定休）

同じ敷地内に2軒の水餃子屋さんが並んでいますが、営業時間が違います。ここは夕方から始まるお店で、もうひとつの三五水餃は朝から夕方までの営業。個人的には高記のニラ水餃子が一押し。

家鄉味水餃

住所　台北市中山區中山北路二段96巷19號

時間　月～金10:30～19:30 土10:30～14:00（日曜定休）

珍しいナズナの水餃子が食べられるお店。皮も他とはちょっと違ってツルツルもちもち。餡には春雨も入ってプリプリ感があります。スープもサンラータンではなくキクラゲのスープ。これが美味しい。ニラとキャベツ、ナズナの全メニューを食べられる綜合水餃がおすすめ。

三來素食館

住所　台北市中正區武昌街一段23號

時間　9:00～19:30

市場（城中市場）の中にある素食レストラン。とにかく料理の種類が多く、見惚れてしまうくらい色が綺麗。お肉そっくりのおかずなども豊富で、ベジタリアンでない人も十分楽しめる。素食の地味なイメージを覆すお店。

地元スーパーマーケットで食材探し

台湾のスーパーマーケットはワクワクの宝庫。普段使いできるものからお土産になるものまで種類豊富で、長い時間まわっても飽きることがありません。スーパーは、市場よりも値段や量がわかりやすいので、現地の食生活をよりはっきりと捉えられる場所でもあります。ここでは、台湾料理の要となる調味料の知識や、スーパーマーケット事情について紹介します。

醤《ジアン》油《ヨウ》（醤油）

台湾のスーパーで売られている醤油は日本よりも圧倒的に種類が多いです。大きく分けて、普通の醤油と、とろみのついた醤油膏《ジアンヨウガオ》がメインですが、その中にも黒豆を使った黒《ヘイ》豆醤油《ドウジアンヨウ》、小麦がメインの白醤油《バイジアンヨウ》、醸造時間が短く色も薄い生抽《シェンチョウ》、醤油樽の底の濃い部分を使った壺底油《フーディーヨウ》などなど様々で、分類すればきりがありません。加えてメーカーやブランドも多く、価格も、１ℓ55元から４２０㎖２８０元くらいまでとピンキリ。台湾ではよく、調味料に関して「ペットボトルのものは毒素が出るから、瓶のものを選びなさい」といわれます。ペットボトルを除いても、瓶の醤油だって山ほどあるので購入するときは、非常に悩ましい選択をせまられることになります。

豆《ドウ》瓣《バン》醤《ジアン》（豆板醤）

豆板醤は台湾では豆瓣醤と書きます。さらに日本と違うのは、種類が2つあること。ひとつが日本でもお馴染みの赤くて辛い豆板醤。もうひとつが唐辛子を含まない茶色い豆板醤。辛さはなく、味わいは八丁味噌に近いです。一般的な辛い豆瓣醤は辣豆瓣《ラードウバン》醤《ジアン》、辛くない豆瓣醤は陳年豆瓣醤《チエンニエンドウバンジャン》と呼ばれます。辣豆瓣醤《ラードウバンジアン》は刻んだニンニク入りのものもあります。

芝《ジー》麻《マー》油《ヨウ》（ゴマ油）

日本のゴマ油は、黒ゴマ油も白ゴマ油も、白胡麻を使って作りますが、台湾では、黒ゴマ油には黒胡麻を使用し、白ゴマ油には白胡麻が使われます。台湾の黒ゴマ油は、苦味が強く、主に麻油雞《マーヨージー》（大量の生姜と鶏を炒め、たっぷりのお酒を加える料理）やそれに近いものに使われます。白ゴマ油は日本のものと同じようにあまり香りはしないので、ゴマ油として風味をつけるには足りないかもしれません。そんな黒ゴマ油と白ゴマ油の中間にあたるのが香油《シアンヨウ》といわれる油で、使い勝手がよく、種類も豊富です。

辣《ラー》油《ヨウ》（ラー油）

台湾の地元スーパーに行くとわかると思うのですが、ラー油のラインナップは意外と多くありません。あってもＳ＆Ｂがけっこうな幅をきかせています。水餃子や焼き餃子のお店も、タレ用にラー油を置くことはほぼなく、ゴマ油や辣椒醤を使うことが多いです。もともとラー油は、四川料理などに使われる調味料なので、台湾ではあまり馴染みがありませんでした。最近はおしゃれなパッケージの高級ラー油も登場していますが、ラー油に関しては、むしろ日本のほうが昔から一般的に使われていたと思います。

辣《ラー》椒《ジアオ》醬《ジアン》（唐辛子ソース）

台湾でラー油よりもメジャーなのが、辣椒醬という辛い調味料です。その名の通り、辣椒（唐辛子）を使った醬（タレ）なのですが、大きく分けて2つの種類があります。ひとつは台湾の屋台などでもよくみられる、トロっとしたタイプの辣椒醬①。もうひとつは、食べるラー油のように、中に固形の具材（主に唐辛子やニンニク）と油が入ったタイプの辣椒醬②。食べる辣油は具材を揚げながら油に風味をうつしますが、②の辣椒醬は、生や軽く炒めた具材に油を注いで作ります。生ゆえに、刺激的な辛さがあり、少量でも効果絶大。主にスープやシンプルな麺に垂らして使います。①の辣椒醬は多くの場合、塩気があるので、ソースとしてかけたりつけたりするのに適しています。

スーパーにずらりと並ぶ醤油

台湾のスーパーマーケット事情

以前、台湾で目立っていた「頂好Welcome」というスーパー。台湾リピーターの方なら何度か立ち寄ったこともあるのではないでしょうか？ ところがこの頂好Welcome、コロナ禍の２０２０年６月、台湾カルフールに買収され、今ではすべてが「家樂福超級超市」というオレンジ看板のお店になっています。高級路線だった「Jasons」も同じくカルフールに買収され２０２２年夏ごろから「Mia C'bon」という名前に変わりました。そんな中、規模を拡大してきたのが「全聯福利中心」。昔は公務員専用のスーパーでしたが、１９９８年に民営化され、安さを売りに店舗数を増やし、現在は台湾国内で１０００店舗を超えています。

台湾でスーパーに寄るなら、時間帯は午後２時くらいまでがおすすめ。人が少なく、静かにゆっくりと買い物ができ、レジに列ぶこともありません。台湾では女性も多くが働いているので、この時間にスーパーにくることはあまりないのです。仕事をしていない人も朝～お昼は市場にいるので、スーパーは必然的にガラガラになります。

台湾 食品コラム ❶ スーパーで買える愛用調味料・食品

台湾のスーパーで私がよく買うものをご紹介します。
台湾らしくてお土産にもおすすめのものを厳選しました。
美味しくて、添加物が少ないものが中心です。

醤油系

紅麹で発酵させた黒豆入り台湾醤油

豆油伯 紅麹缸底釀造醬油

〔300ml／価格：260元〕

日本ではあまり馴染みがないですが、台湾では黒豆で作った醤油も多数スーパーに並びます。しかし、黒豆醤油は多くの場合、小麦を使わずに作るので、豆の香りが強すぎてて好みが分かれます。そこで、私がおすすめするのは、黒豆「も」入っている醤油。通常の黄色い大豆を使った醤油の香りでありながら、黒豆のコクも感じられます。私が愛用するのは、全聯で見ず知らずのおばちゃんが勧めてくれたこの醤油。なかなかのお値段に一瞬ひるみましたが、ちょうど「買一送一」（ひとつ買うともうひとつプレゼント）になっていたので思い切って購入したところ、大正解。シンプルに目玉焼きにかけてみるとわかるのですが、この醤油は甘みと塩気の間に、丸みを含んだ余韻を感じます。しかも醤油樽の底のほうの濃厚な部分を使っているので、豆の旨味もあります。台湾の醤油には砂糖が入っており、日本のものより甘いのが特徴ですが、この醤油の甘さには嫌味を感じません。ゆえに和食にも合います。お刺身やお寿司もこれで食べると美味しい！

「全聯」で購入可能

手抜きもできる万能調味料「醬油膏」

丸荘 極品蔭油膏

〔350g／価格：100元〕

台湾料理になくてはならない調味料のひとつ、醬油膏。みたらしの醤油味を強めたバージョンというとわかりやすいでしょうか。煮込む料理に使うと、てりやとろみが出ていかにも美味しそうな見た目になります。砂糖を加えて水で少しのばせば、朝ごはんの定番、蛋餅や大根餅にかける甜味醬油膏というソースにもなります。茹でた青菜やイカ、蒸したホルモン類にかけるのも台湾では定番。豚バラの塊肉や豚足を醬油膏だけで煮込む、という人もいるくらい、簡単料理にぴったりな万能調味料といえます。私が愛用しているのは、黒豆を使った商品。これで魯肉飯の魯肉を作ると、味はもちろん、見た目も最高の仕上がりになります。

「家樂福超級超市」で購入可能

ゴマ油

創業70年の伝統ゴマ油 基隆馬記蔴油

馬記 特級小磨香油

〔230ml／価格：145元〕

香油は、黒ゴマ油に大豆油やサラダ油を加えたものが多く流通していますが、私が使っているのは、白胡麻をペースト状にして熱湯を加え分離させてつくる伝統的な製法のもの。炒め料理などにも使えますが、柔らかく繊細な香りと風味を楽しむには、スープに垂らしたり、サラダや和えものにかけたりするのがおすすめ。

「Mia C'bon」で購入可能

豆板醤

真面目なオーガニック豆板醤

里仁 豆瓣醬 〔価格 85元／写真上〕

台湾では、辛い豆板醤は、調理に使うのはもちろん、お店によってはタレやディップとしても使われます。汁なし麺に混ぜたり、蒸し鶏や大根餅に添えたり、辣椒醬のようにも使えます。数ある豆板醤の中でも昔ながらの製法と材料で作られている真面目な商品。

「里仁」で購入可能

台湾スパイス入り豆板醤

明徳食品 台式豆瓣醬〔価格 68元／写真左〕

八角やシナモン、生姜が入った台湾風味の豆板醤。水餃子のタレとして、醤油、お酢にこの台式豆板醤を加えても美味しい！ 豚肉の煮込みや牛肉スープとも相性◎。（大潤發で購入可能）

辛くない茶色い豆板醤

里仁 陳年豆瓣醬〔価格 85元／写真右〕

辛くない陳年豆瓣醤は牛肉麺を作るのになくてはならない調味料です。押し豆腐や挽肉を炒めて味付けし、麺と混ぜて食べる炸醤麵にも使われます。子供用のマーボー豆腐にも。

辣椒醬

台中の神ソース！ 何にでも使える万能辣椒醬

東泉 辣椒醬 〔価格 75元〕

台湾小吃に欠かせないP63①のタイプの辣椒醬。台湾には唐辛子系ソースが山ほどあり、料理によって種類を変えるのが基本ですが、台中人の魂といわれる東泉辣椒醬が1本あれば、どんなものにも使えます。神のソースという異名も。（地方食が強い調味料なので、スーパーでの扱いがないことも。南門市場に行けば確実に入手可能）

「大潤發」で購入可能

ニンニク入りの無添加激辛オイル

義美 朝天辣椒醬 〔価格 170元〕

スープや麺に垂らすp63②のタイプの辣椒醬。唐辛子系調味料は無添加のものを見つけるのが意外と難しいです。豆瓣醤もそうですが、ラー油や辣椒醬も同じ。そんな中、義美の朝天辣椒醬は無添加。無添加だからこそ、生唐辛子の辛さとニンニクの香りがダイレクトに伝わります。

「全聯」などで購入可能

インスタント麺

究極のシンプル、醤油とゴマ油だけの混ぜ麺

阿舍食堂 阿舍意麵（原味） 〔95g×4入 価格 95元／写真左〕

台湾で人気の汁なし混ぜ麺、拌麵。ノンフライで、比較的健康的な部類に入るインスタント麺ですが、何せ高い。4袋入りで250元などの商品を日常的に食べるわけにはいかないのです。そこにきて、阿舎拌麵は5袋で100元を切る安さ。しかも無添加。タレに使われている調味料は醤油とゴマ油だけという、インスタント麺にあるまじき姿を体現しています。タレは好みで半分くらいの分量から様子を見てまぜてください。辛いタイプもあり（写真右）。

「全聯」などで購入可能

その他調味料

紅糟（ホンザオ）

真好家 紅糟 〔価格 80元〕

伝統的な台湾料理、紅糟肉（紅い揚げ豚）や、九份の肉圓（p69などに使われる赤い麹。チャーシューに使うのも定番です。紅麹特有の甘みに、砂糖、塩が加えられているので、ここにちょっと醤油を足すだけでお肉に良い味がつきます。箱の中には、ミニサイズのレシピブックも入っていて参考になります。

「全聯」などで購入可能

破布子（ポーブーズー）

味榮 古釀天然破布子 〔価格 195元〕

「里仁」で購入可能

とにかく広く使えて便利なのがこちらの破布子。スズメイヌジシャという植物の実を醤油や砂糖、豆豉などで作ったタレに漬け込んで発酵させた調味料です。甘辛くごはんが進む味で、漬け汁と一緒に白身魚の上からかけて蒸すと美味しい。他にも野菜炒めや冷菜に加えたり、卵と合わせて炒り卵にしたりもします。中の種が硬いので食べるときは注意。

豆腐乳（ドウフールー）

江記 梅子豆腐乳 〔価格 92元〕

「全聯」などで購入可能

台湾特有の調味料である豆腐乳。お粥のお供としてそのまま食べる他、調味料としても使います。塩辛く濃い味なのでなかなか使い道がわからないという人もいるかもしれませんがこの江記梅子豆腐乳は甘めで梅のさっぱり感も加わって使いやすい。発酵食品特有の旨みがあるので、唐揚げ、野菜炒め、肉炒めなどは、これひとつで味が決まります。

【参考レシピ～使用分量の目安として】

江記 梅子豆腐乳◉唐揚げ用鶏もも肉300gに、2ブロックの江記梅子豆腐乳、ニンニクすりおろし、酒、醤油小さじ1、砂糖小さじ1/2を加えて揉み込み、30分置く。地瓜粉や片栗粉で衣をつけ、180度の油で揚げる。

味榮 古釀天然破布子◉カレイなどの切り身魚250gに、酒小さじ2、破布子の汁大さじ3、醤油少々をかけ、破布子の実50g、生姜細切り30gをのせて蒸す。蒸し上がったら白髪ネギをたっぷり添えて。

「全聯」で購入可能

お菓子

不思議と美味しい、切り干し大根味のチップス

旭成食品 菜脯餅 〔価格 82元〕

日本人に好まれる台湾おかずといえば、切り干し大根と卵のオムレツ、菜脯蛋。その切り干し大根漬けを使ったチップスが菜脯餅。しょっぱいのかな、と思いきや甘い。甘いと思っていると塩気も感じる。ほのかに漬物の香りもあり、不思議と癖になるチップスです。

「全聯」などで購入可能

10種類以上の穀物でできた健康版うまい棒

北田食品 能量99棒 〔価格 47元〕

個人的に健康版うまい棒と呼んでいる商品。日本のうまい棒を小さくしたような形状と色で、味もどことなく似ています（卵の黄身味だそう）。違うのは食感。うまい棒よりも密度が高く、詰まった食感です。食べやすい味で子供にも人気。

お茶系

6種類の穀物類が入った客家人の食べるお茶

馬玉山客家擂茶

〔30g×12／価格 89元〕

台湾では客家人がおもてなしとして出すことが多いとされるのが擂茶。穀物やナッツを数種類組み合わせて、煎ってからすり潰し、お湯をそそいでいただくペーストに近いお茶です。こちらの馬玉山客家擂茶は、30g×12袋入りで89元とお買い得ながら、16種の材料を使用。ほのかに甘く、トロトロで、食欲のない日の朝ごはんにもおすすめ。

「全聯」などで購入可能

お得なのに「どこの？」と聞かれる紅茶

天仁　原片阿薩姆紅茶

〔2.5g×40入／価格 160元〕

台湾といえば烏龍茶や鉄観音茶が頭に浮かぶ方も多いかもしれませんが、紅茶も古くから生産され、海外からも非常に高い評価を得ています。そんな台湾紅茶を手軽に楽しめるのが「天仁」のティーバッグ。スーパーでは主に、100パック、50パック、40パックの箱入りがありますが、こちらの40パックのものは茶葉を砕かず、丸ごと使用しています。深い香りと雑味のないテイストなのでストレートで味わうのがおすすめ。タピオカミルクティーや豚の紅茶煮に使うなら50パックの砕いた茶葉のものでもOK。

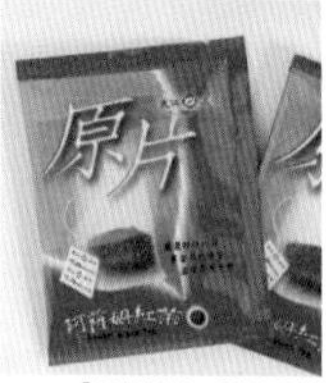

「全聯」などで購入可能

一般スーパー

全聯福利中心

地元民の頼れるスーパー、全聯。他のスーパーよりもお手頃なものが多く、さらに、Uber Eatsで商品を頼んでも価格は店舗と同じ、というのがうれしい。ただ、基本的に、日本で発行されたカードが使えないので、現金精算が必須となります。

家樂福超級超市

旧「頂好Welcome」。食品などのホームブランドを展開しており、それらのコスパが高く人気。一般商品は全聯に比べると少しだけ高いです。日本で発行されたカードも使えるのがうれしい。

Mia C'bon

旧「Jasons」。高級志向のスーパーで、輸入品も多数取り扱っています。右のふたつに比べるとお値段は高め。商品ラインナップがおしゃれで、お土産になりそうな食品も多いです。日本で発行されたカードも使用可。

※その他
台湾で広く展開するオーガニックスーパーの里仁、棉花田、老舗食品メーカーの義美の店舗などもおすすめです。

大型スーパー

家樂福

家電や日用品、スポーツ用品なども取り扱う大型スーパー。レストランなども入っています。食品売り場には台湾特産品コーナーを設けています。台北には7店舗あり。日本で発行されたカードも使用可。

大潤發

近年改装され、美しく生まれ変わった大型スーパー。店内にはジャズが流れています。生鮮食品が新鮮で安い上、お酒の種類が豊富なのがうれしい。Uber Eatsでの価格設定が高いのが玉にキズ。日本で発行されたカードも使用可。

小腹が空いた時の小吃《シアオチー》いろいろ

ジャポニカ米を主食とし、おかずは醤油ベースのものが多い……。そんなふうに日本との共通点も多い台湾の食習慣ですが、決定的に違うのが小吃文化です。小腹が空いたときに食べる軽食や、台湾で独自に発展してきた庶民的な料理などを指して小吃ということが多く、麵線（p70）や蚵仔煎（p104）、などは典型的な小吃の例です。これらの小吃は朝ごはんや夜市でも食べられるので、小腹センサーをキャッチしたら、朝でも昼でも晩でも、本能の赴くままに屋台に腰かけてみてください。

肉圓《ロウユエン》

米粉や地瓜粉（さつまいもデンプン）などで作ったプルプルの皮で、筍入りの肉餡を包んだ不思議な料理。地域差が大きい食べもので、南部では蒸すものが多く、北部では揚げるものが多いです。揚げるといっても、一度蒸した肉圓を低温の油で温めるだけ。夜市などで、油の中に円盤状の肉圓が浮かんでいるのを見たことがある人も多いのではないでしょうか？　調理法だけでなく、具材も地域によって違い、台南の蒸し肉圓にはエビ、九份《ジウフェン》の肉圓には紅麹と絡めた豚肉が入ることが多いです。私は小吃の中でも肉圓が一番好きなのですが、これをいうと多くの台湾人が「わかってるね！」という反応をしてくれます。実は、私が台湾に日本の会社の駐在員事務所を設立した際、かなり厳しく書類を突き返す担当者がいたのですが、なぜか肉圓の話で意気投合し、その後は、わかりやすく、手とり足とり教えてもらうことができました。おかげで設立に漕ぎ着け、無事にビザを取得できた、という経緯があります。

麺線《ミエンシェン》

日本でも人気の麺線。鰹だしのきいたトロトロのスープに、煮崩れない茶色い素麺を入れて煮込んだ料理です。具材は、醤油煮の豚モツやゆで牡蠣が定番で、パクチーや沙茶醤を添えて食べます。麺が入っていますが、箸ではなく、レンゲで食べるのがお約束。食べにくいようにも思いますが、台湾では至って普通です。むしろレンゲでないと、麺とスープをベストな割合ですくい取ることができません。ちなみに、台湾の幼稚園では、麺線以外の麺を食べるときもレンゲです。というか、お肉も魚もすべて5センチくらいのミニレンゲで食べます。フォーク

右：肉圓／左：麺線

や箸は使いません。

葱《ツォン》油《ヨウ》餅《ビン》

台湾産の甘いネギが入った香ばしいスナックが葱油餅です。小麦粉で作った生地を伸ばし、ラードや塩、胡椒をひき、ネギをのせて筒状に巻きこんでから丸く形成し、たっぷりの油で焼き上げます。最近は、卵やチーズ、バジル、ツナなどを入れられるタイプも人気ですが、昔ながらのシンプルなもののほうが、ネギの香ばしさを感じることができます。台湾には、日本のような長ネギがほとんどなく、多くが九条ネギのような葉ネギです。中でも宜蘭の三星ネギの香りと歯触りが最高級とされています。

※その他小吃は夜市の項でも紹介しています。

おすすめの小吃店

川業肉圓

住所　台北市萬華區廣州街165號
時間　10:00〜21:00
価格　油炸肉圓 45元

紅麹の入った具、紅麹を使ったタレ、と全体的にピンクの肉圓です。蒸すタイプも揚げるタイプもありますが、いつも迷って両方頼んでしまいます。肉圓以外にも魯肉飯やスープ類などどれも美味しい！

麵線傳奇

住所　台北市中山區天祥路39號
時間　8:00〜17:00（日曜定休）
価格　綜合麵線 小 60元

麵線の常識を覆す、大きな具が特徴。綜合麵線には、牡蠣やモツだけでなく、塊のお肉もごろっと入っています。人気店で並びますが、回転が速くわりとすぐに入店できます。

黃福龍脆皮葱油餅

住所　台北市大同區太原路23巷
時間　12:00〜19:30（月曜定休）
価格　葱油餅 45元

メニューは葱油餅と卵入り葱油餅の２種類だけ。サクサクパリパリに焼き上げた生地に、半生のネギのしっとりした歯触りが心地よく、やみつきになります。

蔥油餅

魅惑のおやつ

ふわふわ系のおやつ

小腹が空いた時に小吃を食べるのも良いですが、台湾ならではのスイーツや菓子パン類も捨てがたい存在です。台湾のお菓子は、食材の風味を活かす甘さひかえめのものが多いので、ダイエット中の罪悪感も軽減される気がします。台湾茶やコーヒー、紅茶などと合わせて、ホテルや自宅でゆっくりと楽しんでみてください。冷凍すれば、日本に持ち帰ることができるものもあります。

ほろ苦コーヒーとくるみの台湾カステラ

日本でも人気を博した台湾カステラ。台湾では10年くらい前に流行したお菓子で、現在は店舗も少なめ。そんな中でも変わらぬ味で人気なのが双連現烤蛋糕の台湾カステラです。くるみがたくさんのったコーヒー味が大人のテイストで特に美味。ただ、毎日あるとは限らないの

右:コーヒー味の台湾カステラ ①
左:パイ包みの台湾カステラ ②
※丸数字は、これらを購入できるお店（p76に参照）を示しています

で運次第です。プレーンやチーズ味などももちろん美味しい！

パイで包まれた、レモン風味の台湾カステラ

「どうやって作ったの……」と思わずにはいられない台湾カステラのパイ包みが起酥蛋糕《チースーダンガオ》。パイがかぶさっているのでちょっとしつこそうにもみえますが、中のカステラがレモン味で意外なほどさっぱり。うちの息子も大好きなお菓子です。

くるみと龍眼のやわらかいスイーツ。桂圓核桃糕《グイユエンハータオガオ》

他のどんな食べ物とも違って、なかなか形容し難い「核桃糕《ハータオガオ》」。棗（ナツメ）や龍眼（リュウガン）をペースト状にして、くるみを混ぜて切り分けた健康的なスイーツです。基本的にはドライフルーツの味なので、子どもにも人気です。アンチエイジングに効果を発揮するといわれます。

右：デーツ、くるみ、龍眼のお菓子 ③
左：カバラン風味のマカロン ④

もっちり系のおやつ

三越で買えるカバラン風味のマカロン

卵白とアーモンドパウダーを使ったお馴染みフランス菓子のマカロンですが、このお店のものは、台湾らしいアレンジが特に楽しい。中でも台湾を代表するウィスキー、カバランを使ったマカロンがおすすめ。鉄観音と金柑、鹹《シエン》蛋《ダン》(アヒル卵の塩漬け)などのフレーバーも美味しい。要冷蔵。

パン系のおやつ

龍眼《リュウガン》とくるみ、チーズ入り、ちょっと贅沢な饅頭

朝ごはん屋さんで食べる饅頭とはちょっと違う凝った饅頭がこちら。タロイモチーズや焼き芋など、スイーツ感覚で食べられるものもあります。中でも龍眼とくるみ、チーズがたっぷり入った桂圓《グイユエン》起司《チースー》核桃捲《ハータオジエン》は人気商品。ミニ饅頭の詰め合わせも可愛くておすすめです。

看板メニューのロシアパン

ロシアから伝わったといわれるぎゅっとつまった感じのパンが「羅宋《ロウソン》麵包《ミエンバオ》」。台湾ではどこのパン屋さんにも

右:龍眼とくるみ、チーズ入り饅頭 ⑤
左:ロシアパン ⑥

パイナップルケーキ

必ずあるメニューです。そんな羅宋麵包を看板メニューとして扱っているお店が創盛號烘焙本舗。シンプルな岩塩バター味のほか、ピーナッツクリーム、シナモン、チーズ、ガーリックなどバリエーションも様々。

子どもウケ、ナンバー・1の不思議な美味しさ

パイナップルケーキの老舗として有名な李製餅家。このパイナップルケーキは大人が食べてももちろん美味しいですが、特に子どもからの支持が熱い。子育て家庭にお土産でもっていくと、子どもが飛びつきバクバク食べます。オークラやサニーヒルズには見向きもせず、このパイナップルケーキだけが好き！　という子も。

親戚、友人も爆買い、間違いないパイナップルケーキ

最近のパイナップルケーキはリッチな方向に進化しすぎて、「本当の自分を忘れているのでは?」と問いかけたくなるものばかり。1個食べるとお腹がいっぱいになっ

右:李製餅家のパイナップルケーキ⑦
左:福田一方のパイナップルケーキ⑧

てしまうし、コーヒーにしか合わなそうな濃厚さに、私自身が機嫌を損ねます。かといってさっぱりしすぎても大人には物足りないこともあるし……。ちょうど良い塩梅のものはないものか、と探していたところで出合ったのが福田一方の鳳梨酥《フォンリースー》。パイナップルの酸味と繊維を程よく感じられる餡に、バターが香りながらも重すぎないクッキー生地のバランスが絶妙。崩れにくく、甘さも控えめで、ついつい手が伸びる美味しさです。定番のほかにチョコレート、抹茶、クランベリー味があり、パイナップル餡はそのままに、アクセントとしてそれぞれカカオニブやドライクランベリーなどが入ります。それなのにひとつ28元とお手頃なのが泣かせます。もっと高くなったとしても、私はついていきますよ。

おやつのおすすめのお店

① 双連現烤蛋糕

住所　台北市大同區民生西路103號
時間　10:00～20:30（日曜定休）
価格　現烤蛋糕 咖啡口味 600g 150元

② 一之軒

住所　台北市中正區和平西路一段13號（和平店）
時間　月～土7:00～21:30　日8:00～21:30
価格　起酥蛋糕 小 100元

③ 義美食品

住所　台北市中山區中山北路二段97號（中山一店）
時間　9:00～22:00
価格　桂圓核桃糕 小 85元
（義美桂圓核桃糕經濟包　@義美食品安心購）

④ Habibi

住所　台北市中山區南京西路12號
（新光三越南西店一館B2F）
時間　日～木11:00～21:30
金・土11:00～22:00
価格　噶瑪蘭威士忌馬卡龍 70元

⑤ 品楽坊手工養生饅頭

住所　台北市中山區伊通街85號104（伊通店）
時間　11:30～20:30（日曜定休）
価格　桂圓起司核桃捲 38元

⑥ 創盛號烘焙本舗 大同雙連店

住所　台北市大同區民生西路57號（雙連店）
時間　11:00～19:00（日曜定休）
価格　招牌岩鹽奶油羅宋 84元

⑦ 李製餅家

住所　台北市中山區林森北路156號
時間　12:00～20:00（水12:30～）
価格　鳳梨酥 23元

⑧ 福田一方鳳梨酥

住所　台北市大同區重慶北路二段71之1號
時間　10:00～21:00
価格　土鳳梨酥 28元

台湾 食品コラム ❷ 日中活動に欠かせない水分補給 おすすめ飲みもの

台湾の人が、食習慣の中で特に大切にしているのが水分補給。多くの人が水筒を持ち歩き、必要な時にすぐに水分を摂れる状態を保っています。基本的に台湾人が水分補給をする時に飲むものは、お茶ではなく水。しかも温水。常温ではなく30度くらいのぬるま湯を、夏でも飲むことが多く、それが推奨されています。とはいってもそこまでストイックではないので、街中のドリンクスタンドで気軽にジュース類を楽しむこともあります。ここでは街歩きがさらに楽しくなるようなおすすめの台湾ドリンクをドリンクスタンド系とコンビニ系にわけてご紹介します。

龜記 紅柚翡翠（左）

ルビーグレープフルーツのつぶつぶがたっぷり入った緑茶割りのジュース。甘酸っぱさの中にお茶の香りも加わってとても爽やか。つぶつぶに甘味があるので、甘さは30%がおすすめ。

龜記茗品／価格：75元

天仁 黑鑽鮮奶茶（中央）

相性バッチリの仙草ゼリー入り黒糖ミルクティー。お茶の流通企業直営のドリンクスタンドなので、紅茶の香りが違います。タピオカミルクティーも外せません。

天仁茗茶／価格：75元（黑鑽鮮奶茶M、店舗多数）

樂法 蘋果芭樂綠茶（右）

フレッシュフルーツとお茶のハーモニーが楽しめるドリンクスタンドが樂法。ここでは看板ドリンクのリンゴとグアバの緑茶をおすすめします。ナタデココを追加するのが定番。

樂法Le Phare／価格：70元

御茶園 四季春（左）

台湾で初めて無糖の冷たいお茶を発売した、といわれるブランド。ペットボトルはびっくりするくらい柔らかくベコベコですが、お茶の香りと旨味はしっかりしています。

価格：25元（全コンビニで取扱あり）

芋頭紫米漿（中央）

もともと、ライスミルクやオーツミルクが日本よりも充実している台湾ですが、黒米とタロイモを組み合わせた商品はめずらしい。滑らかな口あたりで甘さも控えめ。ヘルシーで美味しい！

価格：35元（ファミリーマート）

波蜜鮮摘果園台灣芭樂汁（右）

パックの外側からもすでに良い香りがするグアバジュース。トロリとした舌触りで、キンキンに冷やして飲むとさらにフルーティに。

価格：26元（セブンイレブン）

キッチン雑貨とお皿選び

環《ホワン》河《ホー》南《ナン》路《ルー》で調理器具を購入

東京近辺でキッチン雑貨街として有名なのは浅草のかっぱ橋。料理好きとしては心躍る場所ですよね。あまり知られていないですが、台北にもそんなエリアがあります。それは環河南路五金街。萬華區にある淡水川沿いの一帯を指し、ここには１３０を超える生活雑貨店と工具店が並んでいます。夜市で見る屋台や、お店で使う冷凍ショーケース、自動炒めロボットなども売られているので、見ているだけで楽しく、「もし、自分がお店を開いたら……」という妄想も広がります。さらに食堂や屋台で使う椅子や、派手なカラーのテーブルの専門店もあり、胸は高鳴るばかり。

古くから愛されている美味しいお店も多いので、途中でランチをはさむのもおすすめです。広いので、徒歩よりもYouBike（レンタサイクル）で回るのがいいでしょう。

環河南路五金街の店舗

日本にはない便利調理器具

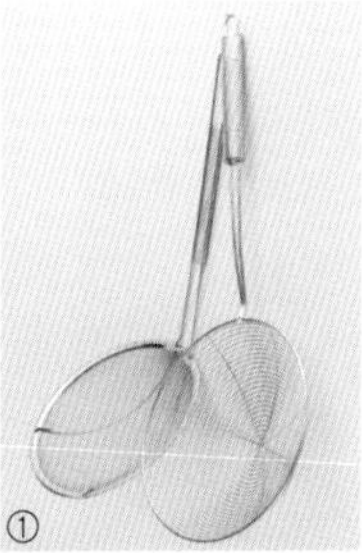

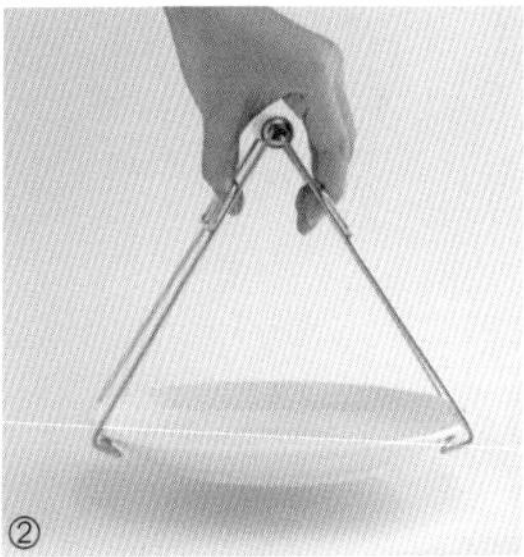

環河南路で買った私の愛用調理器具をご紹介します。「こんなの日本で見たことない！」というような、痒いところに手が届く名品たちです。

野菜にパスタに水餃子に揚げ物もこれひとつ

① 撈杓《ラオビャオ》

ペンネやマカロニ、ブロッコリーを茹でたら、どのようにお湯を切りますか？　多くの場合、足付きのザルをシンクに直接置いてお湯ごとジャーッと流し入れる、だと思います。でもこのやり方、たっぷりのお湯が入った鍋をシンクまで持っていくの、重くないですか？　そんなときこの撈杓があれば鍋に直接入れてすくうだけ。なんて簡単！　水餃子を茹でてすくうのにも最適な上、実は油切りにもなります。

台湾には日本のような油切りが売っておらず、基本的にはこれを使います。食材が揚がったらこの撈杓でまとめてすくってそのまま使い終わった鍋やボウルにかけて油を切る。つまり揚げものを油から上げるのと同時に油切りが始まっている、ということです。動作の短縮にもつながるこの撈杓があれば、料理がぐっと楽になります。

てこの原理を利用したシンプル構造
なぜ日本にないのか不思議！

② 提《ティー》盤《パン》夾《ジア》

茶碗蒸しや魚などが蒸しあがり、蓋を開けたときに一気に立ち登る湯気。これが香りとともにフワッと顔にかかるとき、この上ない幸せを感じます。ゆっくり余韻に浸っていたいところですが、この後すぐに熱い器との格闘がはじまります。熱々のまま食卓に運びたい。でも熱すぎて取り出せない。鍋つかみを使うにも、鍋とお皿の隙間にうまく入らなかったり、うっかり鍋つかみで料理をさわって崩してしまったり。気を抜くと火傷をすることさえあります。そんなときに重宝するのが提盤夾。てこの原理をつ

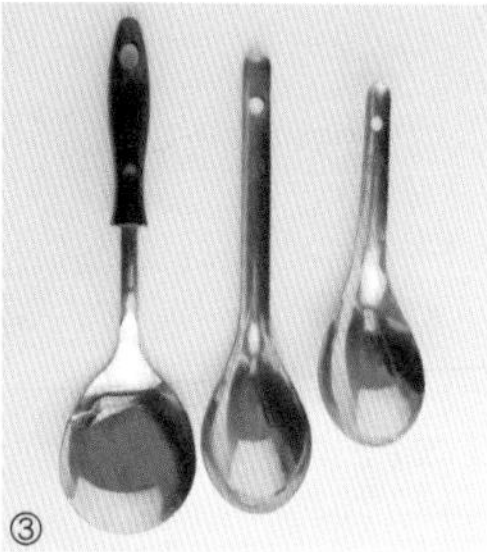

③

④

⑤

かっていとも簡単に熱々の器を取り出すことができます。日本人の私にとってはミラクルでしかない道具ですが、台湾では一家にひとつはある至って普通のアイテム。生活五金（p82）や大きめのスーパーなどでも買うことができます。まとめ買いして親戚中に配りたい！

スープもご飯もおかずも取り分けられる

③菜匙《ツァイチー》

卓上にドーンと登場した料理を個別に取り分けるのに便利な道具がこちら。正式名称は菜匙ですが、多くの台湾人は、「大（大きい）湯匙（レンゲ）」と、見た目のまま呼んでいます。大皿に盛ったチャーハン、スープやポトフ、煮ものにお鍋と、なんでも取り分けられて便利。これを数本入手してからは、我が家では料理を個別に盛り付ける頻度が減り、食事の準備が楽になりました。プラスチック製や柄が木のものなど、色々ありますが、シンプルなステンレスタイプがどんな食卓にも合う上、食洗機でも洗えて扱いも簡単です。生活五金（p82）にもバリエーション多数あり。

美味しいワンタンは肉を薄く伸ばすのがコツ

④包餡匙《バオシエンチー》

手作り餃子やワンタンなどを作るとき、餡を皮の上にのせて包むのに重宝する包餡匙。特にワンタンは、餡を薄くのばして包むのが美味しく作るコツ。包餡匙があれば、スプーンを使うより素早く、さらに均一に皮の上にのばせます。前の3つに比べると使用頻度は落ちますが、あるのとないのでは全然違います。

あれば本場の仕上がりに！

⑤台湾料理専用型

環河南路で買うなら外せないのが台湾料理専用の独特な型たち。パイナップルケーキの型も種類豊富で可愛いし、米糕に使う米糕筒は茶碗蒸しやプリンにも使える。蘿蔔糕（p48）用の使い捨てアルミ型も捨て難い。

⑥

使うたびに安全を実感する

⑥ ３０４レンゲ

屋台や食堂などで使われるレンゲ。「台湾製３０４ステンレス」（下記参照）をこれみよがしに強調するデザインが可愛くて頼もしい。スープもごはんもデザートもこれ１本でいけるので、万能すぎて手放せないアイテムです。まだレンゲに不慣れ、という方には、スプーンとレンゲがドッキングしたようなタイプがおすすめです。好みのものを探してみてください。

※ステンレスの調理道具を選ぶなら３０４か３１６

台湾人は日本人よりも、ステンレス調理道具や食器などの素材を気にします。有害といわれる物質を含まず、さらに錆びにくく、丈夫なステンレス、ということで台湾人がまず選ぶのが３０４不鏽鋼《ブゥシウガン》。調理道具や食器などに最適なステンレスです。３１６不鏽鋼というものもありますが、医療にも適しているというだけあって３０４よりも高価。国家基準では、ステンレスのお弁当箱などには３０４や３１６を使うのが望ましいとされています。台湾では３０４、３１６ステンレス製品にその旨が記されていますので、容易に判断できます。

環河南路のおすすめのお店

嘉政餐具設備

住所　台北市萬華區環河南路一段181之6號1F
時間　9:00～18:00

店の前には業務用のショーケースや屋台が置かれていますが、中に入ると一般人が使いやすい調理器具がたくさん！　調理器具だけでなく、お店で使われているような食器も豊富。大同の白い器もいろいろな種類が入手可能です。幅広いアイテムがひとつのお店にぎゅっとまとまっており、なおかつ整然と並べられているので買いやすさも◎。店頭には「おいしい」の器も。

佳美家具行

住所　台北市萬華區環河南路一段23之3號
時間　10:00～19:00（日曜定休）

食堂で使われているカラフルなテーブルと椅子が店先に並びます。天板だけでも購入できるので、好みのものをいくつか買って、気分で使い分けることも可能。

施福建好吃雞肉

住所　台北市萬華區環河南路一段25巷4號
時間　10:00～18:00（日曜定休）

蒸して大ぶりに切った鶏肉と雞油飯、鶏の内臓スープ3品で勝負する名店。雞油飯とスープはなんと10元という安さ。スープに香草や漢方の香りが効いているので、どんなブレンドが聞いてみましたが、老闆（オーナー）だけが知っている企業秘密だそう。

チープで可愛いキッチン雑貨は生活五金で

台湾には「生活五金」という小さなドンキホーテのようなお店があちこちにあります。「五金」とは、金・銀・銅・鉄・錫の五種類の金属のこと。これら金属の加工品や工具、厨房用品などを販売する専門店のことを「五金行」、それに加えて生活雑貨も販売するお店を「生活五金」と呼んでいます。おしゃれなものや高級なものは少ないけれど、よく見るとキッチュで可愛い小物がザクザク。時間を気にせず隅々まで眺めると、お気に入りが見つかりますよ。

「生活五金」店内の品揃え

①

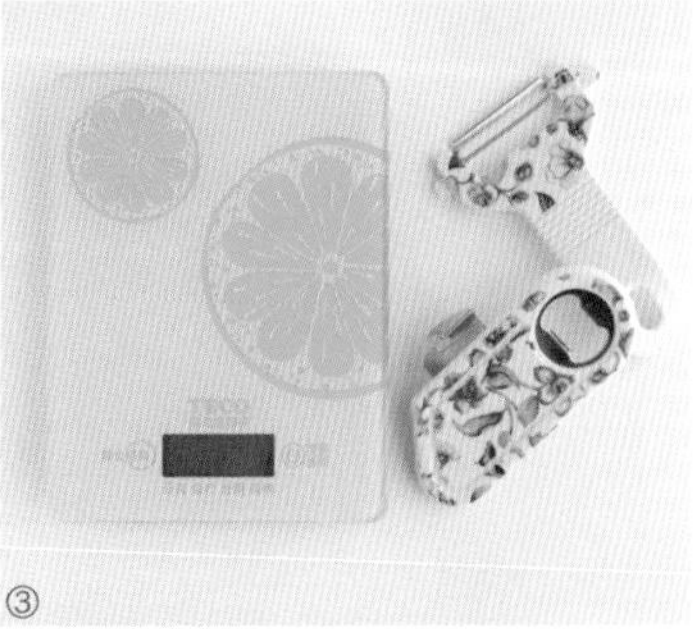
③

②

生活五金で買う 可愛くて便利なアイテムたち

我が家で使っている生活五金で買ったキッチングッズを紹介します。どれも可愛さに一目惚れして買ったものですが、使い勝手もなかなか。生活五金には昔なつかしい柄のアイテムが多いのも胸キュンポイント。

① ピンクのプラ食器

夜市などで使われることが多いピンクの使い捨てお碗やレンゲ、コップなど。レシピ作りの際、細かい材料を分類するのに使う他、洗い物をする余裕がないときの臨時食器にも。

② 台湾箸いろいろ

台湾の食堂で使われているお箸たち。日本の箸よりも長く、太めで安定感があります。麺も食べやすい。

③ 単位が選べるはかり・ピーラー・栓抜き

・はかり

グラム、斤、兩、ポンドが計れるデジタルスケール。ほぼグラムしか使わないけれど、何だかプロっぽくてテンションが上がります。

・花柄のピーラーと栓抜き、缶切り

派手な花柄に一目惚れして購入しましたが、切れ味も抜群。ひとつひとつ柄の入り方が違うので、好みのものを選べます。

生活五金のおすすめのお店

利吉利生活百貨館

住所　台北市松山區復興北路3號

時間　24時間営業

文房具とキッチン雑貨が充実しています。茶器なども可愛く、種類豊富。

康士得生活百貨

住所　台北市中山區長安東路一段23號

時間　10:00～24:00

お風呂やキッチン、洗濯から園芸用品まで幅広く取り扱っています。なかでもキッチン道具類が見やすく、買いやすい。

小北百貨（台北寧夏店）

住所　台北市大同區寧夏路11號

時間　24時間営業

台湾全国に185店舗ある24時間営業の雑貨店。まさにドン・キホーテのような存在です。日用品、食品、文房具、キッチン用品、家電まで何でも揃う品揃え。

※3つのお店を紹介しましたが、生活五金は街中にたくさんあるので、このかぎりではありません。Googleマップで検索して、一番近いお店に入ってみるのもいいと思います。

可愛くて使える台湾食器を探す

台湾の食堂で使われる食器に対して、台湾人は特に何も感じていないようだけど（それどころかダサいと思っていることも）、私にとっては、どこか懐かしくて可愛らしいものばかり。食器屋さんに行くとあれもこれも欲しくなって、つい長居してしまいます。ここでは、私が日常使いしている、買って損をしない台湾食器をご紹介します。

台湾といえば「大同の食器」

鼎泰豊や欣葉（老舗台湾料理レストラン）などで使われる食器、ということでお馴染みなのが「大同磁器」の食器。食洗機で洗ってもＯＫな上、ちょっと落としたくらいでは割れない丈夫さが有り難く、我が家でも重宝しています。

大同の食器は、白いシンプルなものや薔薇の柄が有名ですが、青磁や、福寿の文字付きなど実はいくつものデザインがあります。私が特に好きなのは、唐子柄。中国

「大同磁器」の食器

衣装の坊やが爽やかな水色で描かれているのが最高に可愛い。白いものは環河南路の嘉政餐具設備（P81）などで様々な種類が入手できますが、柄付きやアンティークは街の小さな食器店で探すほうが出会える確率は高いです。

実は大同よりも目にするchuan kuo

台湾の高級レストランなどで使う食器は大同がメインですが、屋台や食堂で目にすることが多い器の底にはchuan kuoの文字。大同と同じく台湾企業で、ベトナムやマレーシアでも展開する国際的なブランドです。内側に青い牡丹が描かれたお碗は小吃店のお馴染み。

屋台の定番メラミン食器

屋台や食堂でガチャガチャと扱われていても、何食わぬ顔で、今日も熱々のスープや麺を受け止めるメラミン食器。頼もしい上に、よく見ると可愛いものがけっこうあります。食堂の定番を買うも良し、乙女心をくすぐる花柄アンティークを買うも良し。割れないのでお土産としても持ち帰りやすいのもうれしい。写真は手前がアンティーク、奥が食堂でも見かけるもの。

右：chuan kuo の食器
左：メラミン食器

おうち台湾料理に便利な基本セット

① 魯肉飯用のお碗（小）
魯肉飯などのごはん系小吃専用の器。ごはん茶碗とは違って、混ぜてもこぼれないように縁が広がっているのが特徴。小と大がありますが、使い勝手のいい小を選ぶのがおすすめです。

② 雞肉飯用のお碗
滷肉飯茶碗の小と大の中間が雞肉飯の器。こちらは担仔麵などの小さい麺などにも使われます。

③ スープ碗
台湾のスープ碗は味噌汁碗の２倍以上の大きさ。鹹豆漿にも使える上、豆花などのデザートも入れられます。

④ 排骨飯のお皿
排骨飯や雞腿飯など、おかずとごはんを一緒に盛り付ける料理に使うリム付きのお皿。カレーやパスタにも合う万能皿。

⑤ 台湾箸
台湾のお箸は日本のお箸と違って先が鋭くありません。温かい麺などを食べるときはこちらの方が食べやすいです。

⑥ 台湾ビールグラス
台湾好きにお馴染みの台湾ビールグラス。分厚く割れにくい性質。ビールだけでなく、我が家では、水やお茶、ジュースもこれで飲んでいます。

⑦ ステンレスのレンゲ
可愛いレンゲもたくさんあるけれど、結局はステンレスが一番使いやすいです。扱いも楽だし、何よりもその薄さがいい。ご飯粒などもキャッチしやすく、豆花など柔らかいものも崩さず、つるっと口に運んでくれます。

台湾食器が買えるお店

錦安市場・昭和町文物市集
住所　台北市大安區永康街60號
時間　10:30〜14:00／16:30〜20:30
夕方から始まるアンティークモール。といってもお店の数はそこまで多くはありません。茶器などが多い印象ですが、運が良ければエビ皿や大同のアンティークに出会えることも。

秦境老倉庫
住所　台北市大同區保安街49巷11號
時間　11:30〜17:30（日曜定休）
台湾アンティークのお店。ここに来れば確実に大同などのアンティーク食器に出会えます。品揃えも多く、目移りしてつい長居してしまうお店。

①

②

⑤

④

③

あるとちょっと楽しいアイテム

① 日本人としては見逃せない「おいしい」器

台湾旅行で現地グルメを楽しむ外国人が必ず出合うこのお皿。お客である私が「おいしい」と感じる前に、すでにお皿が「おいしい」とささやいている押し付けがましさにやられます。私はこの食器のコレクターで、見慣れないものを見つけて買っては、「この直径45センチのオーバル皿はさすがに誰も持っていないだろう……！」などと自己満足に浸っています。おしゃれではないけれど、和食にも合います。

② 各種レンゲ

日々使うかどうかは別として、陶器のレンゲはコレクションしがいがあるアイテム。アンティークも可愛い。

③ フレッシュジュースグラス

昔よく使われていたフレッシュジュースやパパイヤミルク用のメモリ付きグラス。レトロな花柄とぽってり分厚い見た目がたまらない愛らしさ。木瓜牛奶玻璃杯という名称です。

④ 台湾スープポット

ちょっと改まった席でスープ碗として使ったり、処理済みの食材と水を入れて蒸して作る料理に使います。敦盅と呼ばれています。

⑤ エビ皿関連

1950～1960年くらいに量産された人気のアンティーク食器です。大皿が有名ですがレンゲや小皿も見逃せません。

台湾食器が買えるお店

金聲號

住所　台北市大同區重慶北路一段37號

時間　9:00～18:00（日曜定休）

看板は出ていないし、手前の方には日本食器が多めなので、気が付かない人もいるけれど、私が最もよく行く食器屋さんです。台湾の食堂で使う陶器の他、メラミンの扱いもあり。私は、知識豊富なオーナーに食器を選んでもらっています。

新天能五金行

住所　台北市中正區臨沂街69巷2號

（不定休）

東門市場の角にひっそりと佇む生活雑貨店。食堂で使う器の中に、年代ものの大同なども混じっています。アンティークは未使用のデッドストックがメインです。

紅《ホン》焼《シャオ》牛《ニウ》肉《ロウ》麺《ミエン》

【牛肉麺】

台湾に来たらマストで食べたいのが牛肉麺。
ゴロゴロとたっぷり入ったお肉はホロホロやわらか。
お店によって小碗と大碗がありますが、
小碗でも日本のラーメンどんぶりか、それ以上の大きさです。

❖ 材 料 ❖（2人分）

【麺】

- 薄力粉 …… 100g
- 強力粉 …… 100g
- 塩 …… 小さじ1/4
- 水 …… 1/2カップ
- 片栗粉 …… 適量

【牛肉湯】

A
- 牛すね塊肉 …… 600g
- 鶏ガラ一羽分 …… 300g

B
- 水 …… 2ℓ
- 生姜 …… 5枚スライス
- ネギ …… 1/4本
- 八角 …… 2個
- 花椒粒 …… 小さじ1/2
- フェンネル粒 …… 小さじ1/2

C
- ニンニク（切らない）…… 20g
- 生姜 …… 3枚スライス

D
- 八丁味噌（だし入りNG・普通の味噌もNG）…… 大さじ1
- 豆板醤 …… 小さじ2

E
- 醤油 …… 大さじ4
- 米焼酎 …… 大さじ2
- グラニュー糖 …… 大さじ1
- 五香粉 …… 小さじ1/4
- シナモン …… 小さじ1/2
- 鶏ガラスープの素 …… 少々
- 塩 …… 少々

青梗菜 …… 1株

❖ 作り方 ❖

1 まずは麺を作る。ボウルに薄力粉と強力粉、塩をふるい入れ、少しずつ水を加えて手で混ぜる。ひとまとまりにして、乾かないようにビニール袋に入れ、冷蔵庫で20分ほど休ませる。

2 台に片栗粉で打ち粉をして、めん棒を使って、冷蔵庫から取り出した生地を長方形になるように伸ばし、上下を折りこんで、6ミリ幅くらいに切る。

3 たっぷりのお湯でAを5分ほど茹でて、冷水でよく洗う。

4 Bの八角、花椒、フェンネルはお茶パックに入れる。

5 大きめの鍋に④とBの水、生姜、ネギを入れて火にかけ、沸騰したら③を入れる。再度沸騰させ弱火にして40分間煮る。茹で汁は捨てない。

6 ⑤から牛すね塊肉を取り出し、キッチンハサミなどで5センチ角に切る。

7 フライパンにサラダ油大さじ1.5（分量外）を入れて熱し、Cを弱火で炒める。

8 Dをあわせて、⑦のフライパンに⑥と共に入れて、絡めながら中火で軽く炒める。

9 圧力鍋に、⑧と⑤の茹で汁1.2ℓ、Eを入れて、圧がかかったら弱火にして20分加熱する。圧が抜けて肉が柔らかくなったら牛肉湯の出来上がり。

10 たっぷりのお湯で青梗菜を1分ほど茹でる。②の麺も茹でて、水分を切って器に入れ、⑨の牛肉湯をかけて青梗菜をのせる。

台湾の食材で

台湾で陳年豆瓣醬「辛くない豆板醤」を買う場合は、八丁味噌と置き換え、大さじ2にしてください。

魯《ルー》肉《ロウ》飯《ファン》

〔ルーローハン〕

台湾の国民的ごはん、魯肉飯。
薄味のおかずやスープと合わせて
白ごはんのように食べるのが
本場流です。

材料（作りやすい分量）

- 豚バラかたまり肉 ………… 300g
- ニンニク（みじん切り）……… 15g
- 玉ねぎ（みじん切り）………… 70g
- ゴマ油 …………………… 大さじ1.5
- 米焼酎 ……………………… 大さじ4
- 片栗粉 …………………… 小さじ1/2
- 豚バラブロック肉の茹で汁 ……………………………… 2カップ
- たくあん（お好みで）………… 適量

A
- 生姜（皮をつけたまま薄切り）……………………………… 2枚
- 醤油 …………………… 大さじ4
- ウスターソース ……………………… 小さじ2弱
- グラニュー糖 …… 大さじ1
- シナモン ……… 小さじ1/2
- 五香粉 …………… 小さじ1/2
- 白コショウ …… 小さじ1/4
- 乾燥唐辛子（ヘタと種を取り除く）……………………………… 1本

作り方

1 豚バラかたまり肉は切れ目を入れ、たっぷりのお湯で10分間茹でる（茹で汁は捨てない）。

2 茹でた豚バラかたまり肉を水で洗って粗熱を取り、水気を取ってお箸くらいの太さの拍《ひょう》子《し》木《ぎ》切りにする。

3 フライパンにゴマ油を弱火で熱し、ニンニクを炒める。香りが立ったら、玉ねぎを加えて透き通るまで炒める。

4 ③に②を入れ、強火で炒め、米焼酎を加えてアルコールを飛ばす。片栗粉を加えて軽く炒め合わせる。

5 ④を土鍋に移し、豚バラかたまり肉の茹で汁とAを入れて沸騰させる。蓋をして弱火で1時間半ほど、汁が半分になり、肉がホロホロになるまで煮込む。

6 汁ごとごはんにかけ、お好みで漬物を乗せる。ここではたくあんを使用。

台湾の食材で

台湾で、台湾醤油と醤油膏（とろみ醤油）、油蔥酥を買った場合は、醤油を台湾醤油に置き換え、玉ねぎ、ウスターソース、片栗粉を取り、⑤の段階で、醤油膏を大さじ1、油蔥酥を10g加えてください。

第2章 台湾の昼

雞《ジー》肉《ロウ》飯《ファン》

〔鶏胸肉のせごはん〕

魯肉飯と並んで
台湾を代表するごはんが雞肉飯。
さっぱりした鶏胸肉に、
ネギの香りが移った雞油が相性抜群です。

材料（作りやすい分量）

鶏胸肉	1枚（約300g）
サラダ油	大さじ4
鶏皮	150g
鶏胸肉を煮たスープ	2/3カップ
淡口醤油	大さじ3
グラニュー糖	大さじ1
塩	小さじ1
ネギ（白い部分）の小口切り	20g
ごはん	150g
たくあんなどのお漬物	適量

作り方

1. フライパンにサラダ油をひいて鶏皮を入れ、しっかり油が出るまで10分以上炒める。鶏皮がキツネ色になったら取り出す。大体大さじ4ほどの鶏油になる。
2. ①の鶏油にネギの小口切りを入れ、キツネ色になるまで中火で炒める。
3. 鍋に鶏がかぶるくらいの量の水（分量外）を入れ、沸騰させ、冷蔵庫から出したばかりの冷たい鶏胸肉を入れる。
4. 弱火にして15分間茹でたら、火を止めて蓋をし、10分蒸らし、鶏胸肉を取り出す（茹で汁は捨てない）。
5. 鍋に④の茹で汁と、グラニュー糖、塩、淡口醤油を入れて中火で加熱し、沸騰したら2分くらい煮てタレを作る。
6. ④の鶏胸肉の粗熱が取れたら、食べやすく裂く。
7. ごはんに、⑥を適量のせ、⑤のタレを約大さじ1、②の鶏油を約小さじ1かける。あればたくあんなどの漬物を添える。

台湾の食材で

オンラインショップやアジア食材店で生のエシャロットが手に入れば、ネギと置き換えて使ってください。

雞《ジー》腿《トゥイ》飯《ファン》

〔鶏もも肉のせ定食・お弁当〕

台湾の定番定食、お弁当が雞腿飯。
メインのお肉の他に、おかずを2、3種類添えるのが
台湾の基本の定食スタイルです。
P96の排骨を乗せれば排骨飯に。

❖ 材 料 ❖ （2人分）

骨つき鶏もも肉……2本（1本300g程度のもの）
水……2カップ

A
- ニンニク……2片（約10gくらい）
- 生姜の薄切り……3枚（約10gくらい）
- 醤油……70ml
- グラニュー糖……大さじ2
- 米焼酎（酒でも可）……50ml

B（なければ入れなくても良い）
- 八角……1/2個
- 花椒（粒）……小さじ1/2
- フェンネル（粒）……小さじ1/2
- クローブ（粒）……小さじ1/2
- シナモンスティック（2つに折る）……1本

お茶パック……1つ
ごはん……適量
おかず類*……適量

＊ここでは、清炒菠菜（ほうれん草の炒め物）と滷油豆腐（台湾厚揚げ煮）、紅蘿蔔炒蛋（人参と卵の炒め物）

❖ 作り方 ❖

1 Bを合わせてお茶パックに入れておく。

2 鍋に骨つき鶏もも肉と水、A、①を入れて中火にかけ、沸騰したら蓋をして、弱めの中火で25分ほど煮て、そのまま冷ます。

3 お皿やお弁当箱にごはんをよそい、②をのせて、おかずを2、3種類添えて出来上がり。

台湾の食材で

台湾の調味料を使う場合は、台湾醤油70ml、醬油膏大さじ2、グラニュー糖大さじ1に変えてください。コクが出ます。

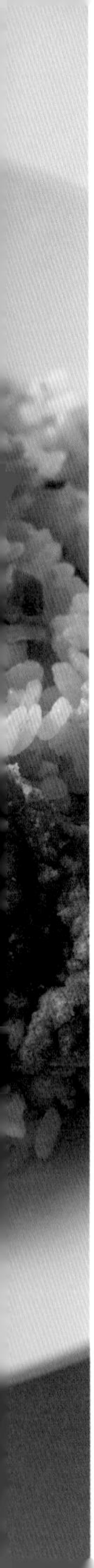

排《パイ》骨《グー》炒《チャオ》飯《ファン》

〔揚げ豚肉のせチャーハン〕

雞腿飯と同じく国民的定食である排骨飯のお肉を、チャーハンに乗せた、鼎泰豐などでもお馴染みのメニュー。ここでは、醤油味の台湾チャーハンを使っています。

❖ 材 料 ❖ （2人分）

【炒飯】

- 卵 ……… 2個
- 少し硬めに炊いたごはん … 400g
- 塩 ……… ひとつまみ
- グラニュー糖 ……… 小さじ1/4
- 白胡椒 ……… 小さじ1/4
- ラード ……… 大さじ1.5
- 醤油 ……… 大さじ1
- 青ネギの小口切り ……… 20g

【排骨】

- とんかつ用ロース肉 ……… 2枚
- 片栗粉 ……… 適量
- 揚げ油 ……… 適量

A
- 五香粉 ……… 小さじ1/3
- 白胡椒 ……… 小さじ1/4
- 醤油 ……… 小さじ2
- 鶏ガラスープの素… 小さじ1/2
- 黒粒胡椒 ……… 小さじ1/4
- 米焼酎 ……… 大さじ1
- ニンニクすりおろし ……… 小さじ1/2
- グラニュー糖 ……… 小さじ1
- 片栗粉 ……… 小さじ2

❖ 作り方 ❖

1 炒飯を作る。少し硬めに炊いたごはんをボウルに入れて、塩、グラニュー糖、白胡椒を加え、味が均等に行き渡るように混ぜておく。

2 卵はお椀に割り入れる（溶かなくてよい）。

3 フライパンにラードを強火で熱し、②を入れてフライ返しなどで手早くぐるぐると強火でかき混ぜる。

4 ③に①を入れて、中火で卵とごはんが混ざるように炒める。

5 ④に醤油と青ネギの小口切りを入れ、すべてが均等になじむまで炒める。

6 排骨を作る。とんかつ用ロース肉の筋を切り、肉叩きや包丁の背などで満遍なく叩いておく。

7 ボウルにAと⑥を入れて混ぜ、よくからめて、冷蔵庫に入れ、1時間以上なじませる。

8 ⑦に片栗粉を満遍なくつけ、余分な粉は落とし、5分以上置いておく。

9 180℃の油で両面がキツネ色になるまで揚げる。

10 お皿に温めた炒飯をよそい、食べやすく切った⑨をのせて出来上がり。

台湾の食材で

台湾で地瓜粉を買った場合は、片栗粉と差し替えてください。よりブツブツとした衣になり、この様子を、台湾の人は「美味しそう」と感じるのだそう。

大《ダー》腸《チャン》麺《ミエン》線《シエン》

〔モツ入りトロトロ素麺〕

鰹だしベースで日本人にも馴染みやすい小吃が麺線。
麺線は白い素麺のことも指す言葉ですが、
この料理では必ず、一度茹でて乾燥させた
茶色い紅麺線を使います。

❖ 材 料 ❖（作りやすい分量）

【豚ホルモンの醤油煮】
豚ホルモン（下処理済みの茹でてあるもの）…… 300g
米焼酎 ……… 1/2カップ
水 ……………… 1/2カップ
醤油 ……………… 大さじ2
グラニュー糖 …… 小さじ2

【麺線】
素麺 ……………………… 100g
水 …………………… 6カップ
鶏がらスープの素 …………………… 大さじ1
砂糖 ………… 大さじ1/2
醤油 ………… 小さじ1/2
塩 ……… 小さじ1/2弱
茹でたけのこ（細切りにする）………… 70g
鰹節 ……………………… 7g
フライドオニオン ……………………… 大さじ2
黒胡椒 ……………… 少々
白胡椒 ……………… 少々
片栗粉 ……… 大さじ3弱
水 ……………………… 60ml

【醤油ダレ】
醤油 ……………… 大さじ1
水 ……………… 大さじ1.5
グラニュー糖 …… 小さじ1
ゴマ油 ……… 小さじ1/2
沙茶醤《サーチャージャン》…… 小さじ1/2
ウスターソース ……………… 小さじ1/2
水溶き片栗粉 ……… 少々
ニンニクのすりおろし …………………… 小さじ1

【辛いタレ】
水 ……………… 大さじ1強
一味唐辛子 …… 小さじ2
グラニュー糖 …… 小さじ1
サラダ油 ……… 小さじ1
ゴマ油 ……… 小さじ1/2

パクチー …………… 適量

❖ 作り方 ❖（2人分）

1 素麺は時間通り茹でて、サラダ油（分量外）を絡めておく。
2 オーブンの天板にクッキングペーパーを敷き、その上に①を重ならないようにのせて、茶色くなるまで、150度で30分ほど焼く。
3 豚ホルモンの醤油煮を作る。ホルモンを洗い、小鍋に入れて、米焼酎を加えて煮込み、アルコールを飛ばす。水、醤油、グラニュー糖を加えて煮汁が1/4ほどになるまで弱火で煮る。
4 醤油ダレを作る。小さめの耐熱性密閉容器などに、醤油ダレの材料の、水溶き片栗粉とニンニクのすりおろし以外の材料を入れ、レンジで軽く沸騰させる。すぐに水溶き片栗粉を入れて手早くかき混ぜ、とろみをつける。粗熱が取れたらニンニクのすりおろしを加える。
5 辛いタレを作る。材料をすべて混ぜ合わせれば完成。
6 大きめの鍋に、お湯と茹でたけのこを入れて沸騰させ、フライドオニオンと鰹節を加える。
7 ②の素麺を、手で細かく崩しながら入れ、3分ほど煮込み、鶏がらスープの素、グラニュー糖、醤油、塩、黒胡椒、白胡椒を加えて混ぜる。
8 片栗粉と水を混ぜて水溶き片栗粉を作り、火を止めて少しずつ加え、再度加熱し、混ぜてとろみをつける。③のホルモンをのせ、パクチーを添えて、タレをかけて出来上がり。

台湾の食材で

台湾で紅麵線を購入した場合は、工程①②を省き、⑦で90gほど入れてください。醬油膏（大さじ3）や沙茶醬（小さじ1）がある場合は、混ぜて④を省いてください。オイルタイプの辣椒醬があれば、⑤を省き、最後にお好みで入れてもいいでしょう。

鳳《フォン》梨《リー》紅《ホン》茶《チャー》

〔パイナップル紅茶〕

中国が台湾パイナップルの輸入を停止した際、いくつかのドリンク店が
農家を救うため、このドリンクを発売しました。パイナップルと紅茶の相性は抜群。

❖ 材 料 ❖（作りやすい分量）

パイナップルジャム
- 完熟パイナップル……300g
- グラニュー糖……100g
- レモン汁……大さじ1

アイスティー……適量
氷……適量

❖ 作り方 ❖

1 パイナップルの2/3をみじん切りにして、1/3は5ミリ角くらいに切る。
2 鍋に①とグラニュー糖、レモン汁を入れて30分くらいおいて水分を出してから強火にかける。
3 沸騰したら弱めの中火にしてかき混ぜながら煮込む。20分ほど経って汁気が少なくなり、とろみがついてきたら鳳梨果醬（パイナップルジャム）の完成。
4 アイスティーに③と氷を適量入れて出来上がり。

台湾の食材で

台湾パイナップルを使うとより甘くジューシーです。余ったパイナップルジャムはヨーグルトに入れると美味しいです。

第3章 台湾の晩

日が暮れるとさらににぎやかになるのが台北の街。
赤や黄色が目立つ看板に、
灯りがついて鮮やかになる上、
夜市（P109）や熱炒（P112）も熱気に包まれます。
そんな中で食べる料理は、風景ごと味わうのが正解。
多くのお店がオープンエアか入口開放式なので、
街を眺めながらお腹を満たしましょう。
気がつけば、湿った空気も
心地よくなっているはず……。

夜市を楽しむ

台湾の晩と聞いて、多くの人が最初に思い浮かべるのが夜市ではないでしょうか？地元民にとっては、食事どころであったり、買い物をする場所であったりと、生活の一部になっている夜市ですが、外国人にとってはとても新鮮な場所ですよね。

台湾人らしくうまく夜市を回るコツは、最初に麺やごはんの屋台で軽く食事をしてから、おやつやデザートなどのスナック系を食べること。いきなり、スナック系に走ると、その後どんどん人が増えてきて弾き出され、消化不良に終わります。先に食べて空腹を満たすことで、人気屋台の行列に並ぶ心の余裕ができるというものです。

上：大人から子どもまで楽しめる夜市のゲーム
下：ずらっと並ぶ屋台は眺めるだけでも楽しい

夜市ならではの食べもの

蚵《オー》仔《アー》煎《ジエン》

台湾産の小ぶりな牡蠣を炒めて、地瓜粉（さつまいもでんぷん）を水で溶いた生地を流し、最後に卵を落として焼く料理です。牡蠣のプリっとした食感と、もちもち感が美味しさの決め手。もうひとつ重要なのがケチャップや白味噌、唐辛子ソースで作るタレの味。タレを豪快にたっぷりかけるのが台湾流です。

臭《チョウ》豆《ドウ》腐《フー》

文字通り、臭い豆腐。塩を加えた青菜を数ヵ月放置し、発酵してどろどろになったものに、おからを加えてさらに発酵させた液体に漬け込んだ豆腐で、中国や香港など台湾以外でも食べられています。蒸したり、煮たり、お鍋にしたりもしますが、夜市では揚げたものが定番。ここにキャベツと人参の浅漬けを添えるのが台湾独自のスタイルです。食べるとあまり匂いは気にならず（個人差あ

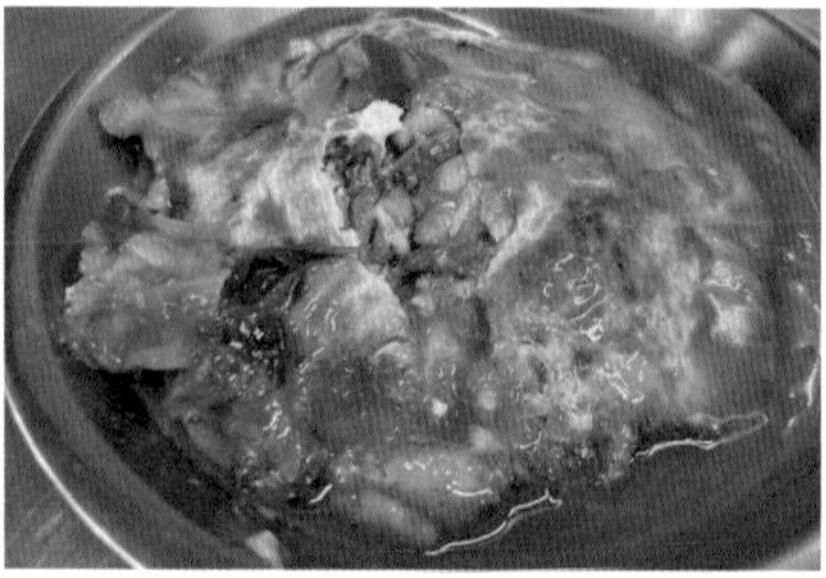

蚵仔煎

り）、スナック感覚で香ばしくいただけます。10メートル以上先まで臭いを放つので、外国人が苦手とする食べものですが、台湾人にとってはいい香りなのだそう。2歳から台湾で暮らしている私の息子（6歳）も、「いい匂い！」と言います。

地《デイ》瓜《グワ》球《チウ》

蒸したさつまいもに砂糖を加え、地瓜粉（さつまいもでんぷん）やコーンスターチを入れて混ぜ、ボール状にして揚げたお菓子。もちもちの食感ですが、中は空洞になっているので、軽くサクッと食べられます。どの夜市にも地瓜球の人気店があり、お店の前には長蛇の列が。行列を避けるために、夜市がはじまるころにダッシュで買いにいっても、皆考えることは同じで、やはり並ぶことになります。

豆《ドウ》花《ホワ》

日本でも人気の豆花も、実は夜市をイメージするデザートのひとつです。昔は豆乳を食用石膏で固めて作っていましたが、今は多くのお店がにがりを使用していま

右：臭豆腐／左：地瓜球

す。正常糖（通常の甘さ）、半糖（ハーフシュガー）、微糖（1／3の甘さ）など甘さを調節できるお店もありますが、美味しく食べるなら正常糖が一番。減らしても半糖までが許容範囲です。ピーナッツやタピオカ、小豆、白玉、ハトムギなど、好みのトッピングを、迷いつつ選ぶのも楽しい！

木《ムー》瓜《グワ》牛《ニウ》奶《ナイ》

相性抜群のパパイヤと牛乳をミキサーで撹拌して作るフレッシュジュース。デザート感覚の贅沢な味わいなので、ずっと飲んでいたくなりますが、パパイヤに含まれる酵素が牛乳のタンパク質を分解する関係で、30分経つと苦くなると言われています。ですが、実際に30分放置して実験してみたところ、苦味はあまり出ませんでした。それよりもパパイヤの酸で牛乳が分離しザラザラしてしまったので、こちらの方が問題だと思います。とにかくすぐに飲みましょう。

鹽《イエン》酥《スー》雞《ジー》

台湾式唐揚げとも言えるのが鹽酥雞。日本の唐揚げの1／2くらいの大きさで、その場で揚げてもらって、あつあつを竹串で刺して食べます。バジルも一緒に素揚げにするので、チキンに爽やかな香りが移ります。インゲンやブロッコリー、きのこ、練り物などを一緒に揚げることも多く、組み合わせは自由。ちなみに、同じチキン系でいうと、日本で台湾夜市名物として認識されている大きなフライドチキン（大雞排）は、台

上から順に、
豆花、木瓜牛奶、
鹽酥雞、滷味

湾では流行が去り、お店は少なくなっています。

滷《ルー》味《ウェイ》

日本にない漢字なので想像がつきにくいですが、滷《ルー》は味や香りのついた汁で煮込むという意味です。要は煮込み料理なのですが、滷味には2種類のタイプがあります。ひとつは鶏の手羽先や足、卵や押し豆腐などを醤油味の煮汁で煮込んだもの。もうひとつは、醤油味で煮込んだ肉や豆腐の他、生の野菜や練り物などを、さらにスパイスのきいた塩味のスープでさっと煮るもので、こちらは加熱滷味と呼ばれます。夜市では、どちらかというと加熱滷味のほうが多く、食べるときは好みの具材を選んでお店の人に煮てもらいます。インスタント麺も入れられるので、主食にもなります。

烤《カオ》玉《ユー》米《ミー》

いわゆる台湾版焼きとうもろこし。特に珍しい見た目でもないため、素通りしがちな夜市フードですが、日本の焼きとうもろこしとは全く別物。沙茶醬やオイスターソースを混ぜたタレを塗って焼くので、濃厚なスパイシーさがあります。また糯米《ヌオミー》玉米《ユーミー》という甘みがなくもちもちのとうもろこしを使うのもポイント。見た目と味のギャップが激しい食べもののひとつです。

鹹《シエン》水《シュイ》雞《ジー》

どちらかというとジャンクな食べものが多い夜市の中で、数少ないさっぱり系フードが鹹水雞。卵を産めなくなった老いた鶏を塩茹でし、水で冷やして引き締めたものを、部位ごとに切り分け、茹で野菜と共にゴマ油で和えたサラダ感覚の軽食です。丸鶏を使っていますが、骨をとってくれるので、食べやすいのがありがたい。野菜や肉の部位など自由に選べますが、絶対入れた方が美味しいのはキュウリとエリンギ、ベビーコーン。

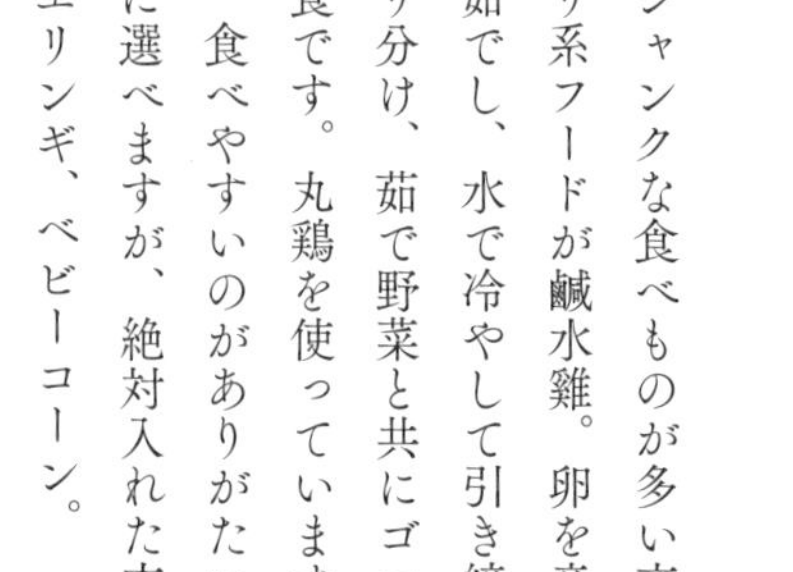

右：烤玉米／左：鹹水雞

私がよく行く美味しい夜市

寧《ニン》夏《シア》夜《イエ》市《シー》

美しいものに溢れた人気の夜市。ミシュランガイドのビブグルマン常連店も多く、食べもの夜市ならここ！と認識されています。程よい広さで、お店も一箇所にまとまっているので回りやすく効率的。雑貨や洋服などのお店はないですが、ゲーム屋台があり、とても楽しい。他の夜市は、ゲームに使った金額によって選べる景品が決まりますが、ここは獲得した点数によって景品の種類が変わるので、大人も真剣になれます。

通《トン》化《ホウ》街《ジエ》夜《イエ》市《シー》

通化街夜市も美味しいものが多いと言われる夜市です。台北101からも歩ける便利な場所にあり、200件近くの屋台が軒を連ねています。夜だけでなく、昼間は市場として営業しているので、いつ行っても地元グルメを楽しめるのがうれしい。数少ない金魚すくいができる夜

寧夏夜市に並ぶゲーム屋台。

市でもあります（私が知るかぎり、台北で今現在金魚すくいができる夜市は通化街夜市と士林夜市だけ）。

延《イエン》三《サン》夜《イエ》市《シー》

ゲーム屋台や雑貨のお店は無く、食べものがメインの夜市。大橋頭駅１番出口からすぐの大通りを挟んで、両側にお店が並びます。この夜市の良いところは、しっかりごはんが食べられるお店が多いところ。食堂はもちろん、屋台でも椅子やテーブルを用意してくれているので、子連れでもゆっくり食事ができます。迪化街からも近いです。

上：通化街夜市で金魚すくい
中：通化街夜市のにぎわい
下：延三夜市は道路沿いに屋台が

寧 夏 夜 市 ………住所：台北市大同區寧夏路／時間：17:00〜25:00
通化街夜市 ………住所：台北市大安區臨江街／時間：18:00〜24:00
延 三 夜 市 ………住所：台北市大同區延平北路三段／時間：18:00〜24:00

夜市を楽しむおすすめのお店

吉 雞蛋 蚵仔煎

住所　臺北市大安區臨江街98號側（通化街夜市）
時間　17:00～23:30

ソースがたっぷりかかった卵の中に、新鮮な牡蠣がたくさん入っています。生地と卵の焼き加減も絶妙で、プルンとした食感がやみつきに。

瑪吉臭豆腐

住所　台北市大同區伊寧街61號（延三夜市）
時間　15:30～21:30（火曜定休）

ジャズが流れる臭豆腐屋さん。臭豆腐はしっかりとサクサクに揚がっていて臭いはあまり気になりません。麻辣味を選ぶこともできます。

你好！ 台灣地瓜球

住所　台北市大同區寧夏路（寧夏夜市）
時間　17:00～24:00

早い時間から行列ができる地瓜球のお店。外側サクサク、内側モチモチ。甘さもひかえめなので気がついたら完食しています。

芋頭太郎 TARO TARO 芋頭牛奶豆花專売店

住所　台北市大同區寧夏路60號（寧夏夜市）
時間　月～木:14:30～23:00
　　　金:15:00～23:30
　　　土・日:12:00～23:30

最近流行りの進化型豆花が食べられるお店。豆花には、なめらかに撹拌したタロイモをかけていただきます。

童年木瓜牛奶

住所　台北市大同區寧夏路114號（寧夏夜市）
時間　18:00～23:30（日曜定休）

トロトロのパパイヤミルクは口当たりなめらかでまろやかな味わい。「20分以内に飲んで」と言われますが、2分で飲んでしまう美味しさ。

台灣鹽酥雞 通化直営店（通化街夜市）

住所　台北市大安區通化街77號
時間　10:30～26:00

鹽酥雞の他にも100種類以上の揚げものが並びます。すべてその場で揚げてくれるので、熱々を一番美味しい状態で食べられるのがうれしい。しっかりした味つけでビールにも合います。

燈籠滷味

住所　台北市大安區臨江街69號（通化街夜市）
時間　17:00～24:00（月曜定休）

食材は値段が明確、店内は明るく清潔で、滷味初心者にもおすすめできます。具材も豊富で選ぶ楽しさもあり。タレも美味しい。

李記悶烤玉米

住所　台北市大同區民生西路上（寧夏夜市）
時間　18:30～24:30

肉付きの良いもち米コーン（もち米のようにモチモチでごはん代わりにもなるコーン）に、タレがしっかり絡みます。スパイシーながらも食べやすい味。

好鶏匯塩水鶏（延三店）

住所　台北市大同區延平北路三段27號（延三夜市）
時間　17:00～22:00（日曜定休）

鶏も野菜も新鮮。塩胡椒味のほか、タイソース味にもできます。薄味で食べやすく、野菜がたくさん摂れます。

氷哨酪梨牛奶（寧夏夜市）

住所　台北市大同區寧夏夜市
時間　17:00～23:30

アボカドとミルク、はちみつをあわせて撹拌した絹のようになめらかなドリンク。甘さ控えめのヘルシーデザートとしても。

灶頂原汁排骨湯、高麗菜飯（延三夜市）

住所　台北市大同區延平北路三段17巷2號
時間　10:00～20:00

ミシュランビブグルマン常連のキャベツ炊き込みご飯とスペアリブスープのお店。キャベツから出た甘味と乾物の香りがうつったごはん、ボリュームがありながらも上品なスペアリブスープが看板メニュー。定期的に食べたくなります。

爆漿脆皮魷魚（寧夏夜市）

住所　台北市大同區寧夏夜市第89攤
時間　17:00～25:00

イカの中に生のきゅうりと大根を入れて衣をつけて揚げた料理を提供する屋台。カリッ、フワッと揚がったイカからフレッシュな野菜が出てくるのが面白い。選べるタレは五味醬が特に美味。

宏冠土魠魚羹（寧夏夜市）

住所　所在地:台北市大同區寧夏夜市
時間　18:00～25:30

さわらの唐揚げ入りとろみスープのお店。ビーフンや魯肉飯もあるので、主食にも。席が広いのもうれしい。

永吉樂 羊仔湯屋（延三夜市）

住所　台北市大同區昌吉街117號
時間　12:00～15:00／17:00～21:00（水・土曜定休）

臭みのないラムを使った身体にも美容にも良いひとり鍋。10種類以上の漢方を使った薬膳スープは、身体を芯から温めてくれます。

熱《ルー》炒《チャオ》で飲み、食べる――熱炒の定番料理

揚げ物やモツなど、おつまみにぴったりな料理を出しながらも、お酒を置くことがほとんどない台湾の食堂。中にはコンビニで買ったお酒を持ち込んでもいいよ、と言ってくれるお店もありますが、なんというかもっと正攻法で飲みたいときにおすすめなのが熱炒《ルーチャオ》。台湾版居酒屋のような存在ですが、小さな子どもを連れていっても違和感はなく、家族と、友人と、同僚と、賑やかに飲んで食べて、を楽しめます。海鮮料理店から発展したお店も多いので、メニューには魚介が充実しています。シンプルな炒めものが中心で、テーブルに届くのが早いのもうれしい。

清《チン》炒《チャオ》空《コン》心《シン》菜《ツァイ》・清《チン》炒《チャオ》高《ガオ》麗《リー》菜《ツァイ》

熱炒で野菜を食べようと思ったら、真っ先に候補に挙がるのが空芯菜の炒めものとキャベツの炒めもの。家庭料理としても一般的ですが、熱炒の大きな中華鍋と強い火力で仕上げたものは、やはり一味も二味も違います。

三《サン》杯《ベイ》雞《ジー》

熱炒のために生まれた料理、と言ってもいいくらい定番なのが三杯雞。たっぷりのゴマ油で炒めた生姜やニンニク、鶏肉を、醤油、米酒、砂糖を使って煮こみ、バジルを加えた料理です。ごはんもお酒もすすむ味付けで、鶏肉をイカやエリンギに変えたアレンジも定着しています。三杯料理は、三杯鍋という専用のアルミ鍋で調理し、そのままテーブルに運ばれます。最後に紹興酒を回しかけるお店もあり、熱々の鍋がジュッという音をたてた瞬間、湯気と香りが立ちのぼって幸せな気分に。

鳳《フォン》梨《リー》蝦《シア》球《チョウ》

小ぶりのエビに下味と衣をつけて揚げ、パイナップルとともにマヨネーズで和えた台湾版エビマヨが鳳梨蝦球。子どもから大人まで多くの人に愛される料理です。台湾

上：清炒空心菜
中：三杯雞のアレンジ三杯田雞（カエル）
下：鳳梨蝦球

のマヨネーズはとても甘く、苦手な日本人も多いですが、鳳梨蝦球は、これでないと味が決まりません。

九層《ジョウツェン》塔《ター》炒《チャオ》海《ハイ》瓜《グワ》子《ズー》

海瓜子は台湾のあさりです。台湾ではあさりのほうが蛤より高いので、ちょっと高級な食材。そんな海瓜子をニンニクや生姜、唐辛子と共に炒めて、たっぷりのバジルを加えた料理が九層塔炒海瓜子です。台湾では貝類とバジルは定番の組み合わせで、相性も抜群。お酒がすすむ味付けですが、意外と子ども人気も高く、我が家の息子も大好きな料理です。蛤を使うお店もあります。

炒飯《チャオファン》

昼夜、お店、家庭問わず食べられますが、熱炒で食べる炒飯は格別。ラードをたっぷり使って、強火で炒めた炒飯にかなうものはなく、ここまで美味しく作れない自分が悲しくなるほどです。台湾の炒飯は基本的に醤油で味付けされます。全体的に茶色くなり、インスタ映えはしませんが、香ばしい香りがたまりません。もうひとつ日本

右：九層塔炒海瓜子／左：炒飯

と違う点は牛肉入りのチャーハンがスタンダードなこと。お肉の量もたっぷりで、全体のボリュームもあるので、私の場合は、持ち帰って翌日も美味しくいただきます。

豆豉鮮蚵《ドウグーシェンオー》

牡蠣と豆豉、ネギやニンニクなどを炒め、水やオイスターソースを加えて軽くとろみをつけた水分多めの炒めものが豆豉鮮蚵。牡蠣の柔らかさを邪魔しない絹豆腐を加えてボリュームを出すこともあります。熱炒で人気のメニューですが、ごはんによく合う家庭料理としても一般的です。

豆豉鮮蚵

熱炒のおすすめのお店

鑫鱻熱炒吉林総店

住所　台北市中山區吉林路254號
時間　17:00～26:00
魚介類が充実している熱炒。メニューが豊富で毎回どれにするか迷います。牛肉炒飯は必ず頼むメニュー。イチオシの熱炒。

鮮定味生猛海鮮

住所　台北市中山區錦州街25號
時間　17:00～26:00
台湾の人が会社の飲み会などでもよく使うお店。特に金曜日はお客さんの熱気であふれ、持ち帰り客も列を作ります。ここの鳳梨蝦炒がおすすめ。

呉師大眾飯店

住所　台北市中山區南京東路一段132巷30號
時間　11:30～23:30
バーやクラブなどの飲食店が立ち並び、賑やかな場所に位置するお店。店先でバンバン食材をさばく豪快さにテンションが上がります。他の熱炒よりも海鮮系メニューは少ないですが、家庭的な料理が多く、良心価格。

季節問わず鍋――台湾で食べたい鍋

鍋というくくりでいえば、お昼に食べてもいいものですが、ヤギやアヒルの鍋などは、夜しかお店を開けないところがほとんどなので、こちらのカテゴリーに入れました。台湾での鍋料理の総称は火鍋。辛いものに限らず、日本式のしゃぶしゃぶも臭豆腐の鍋も火鍋です。日本よりも暑い台湾ですが、真夏でも鍋を食べる人が多いので、お店はいつも盛況。人気店では行列ができます。ひとり鍋のお店も多く、日本よりも気軽に鍋が楽しめます。

石《シー》頭《トウ》火《フオ》鍋《グオ》

ゴマ油で玉ねぎやお肉の一部を炒めてから、スープを注ぐ鍋。その後は、日本のお鍋と同じように野菜などを加え、残りのお肉をしゃぶしゃぶにして食べます。お肉だけでなく、メインを海鮮にすることもできますが、スタンダードなのは牛肉。タレに加える沙茶醤は牛肉や羊肉と特に相性が良いので、このどちらかを選ぶのが私のルールです。

石頭火鍋

酸菜《スワンツァイ》白《バイ》肉《ロウ》鍋《グオ》

日本のガイドブックなどでもお馴染みの酸菜白肉鍋。塩漬けにして発酵させた酸っぱい白菜のお漬けものをスープのベースに使う鍋です。鍋に入れるお肉は豚バラ肉に限りますが、白菜の酸味でさっぱり。濃厚な豆腐乳を使ったタレとまたよく合います。酸菜白肉鍋は、炭火銅鍋という鍋を使って炭火で加熱するタイプの珍しい鍋でもあります。中心の煙突が熱気を逃し、ゆっくり加熱されるので、お肉に白菜の風味が入りやすい構造になっています。

羊《ヤン》肉《ロウ》爐《ルー》

羊肉と書いてありますが、ヤギ肉が使われています。柔らかくなるまで煮た骨つきヤギ肉と、當歸（カラトウキ）や川芎（センキュウ）、白芍《シャクヤク》など10種類の漢方を使ったスープに、野菜や豆腐などを加えて食べる鍋。豆腐乳や豆板醤を使ったピリ辛のタレをつけていただきます。漢方が香るのでヤギ肉の臭みは感じず意外にも食べやすい。基本的に冬の料理なので、夏は開店しないお店もあります。

右：酸菜白肉鍋／左：羊肉爐

薑《ジャン》母《ムー》鴨《ヤー》

羊肉爐と同じく冬の料理の代名詞でもある鴨と生姜の鍋。台湾でよく食べられるアヒル肉ですが、この鍋に使うアヒルはちょっと違って顔が赤い番鴨という種類。見た目は可愛くないですが、肉質は最高。程よい弾力があり、長く煮込んでも食感の良さが続きます。たっぷりの生姜とたっぷりのお酒、漢方を使ったスープで身体がぽかぽかに。

おすすめの鍋店

嘿鍋

住所　台北市大同區華陰街35號

時間　11:30〜22:00（火曜定休）

ひとりでもミニ石頭火鍋を食べられるお店。玉ねぎや肉を炒めて、店員さんが最初の出汁を作ってくれます。野菜や魚介が新鮮。スープのベースは鰹系ですっきり。

成家小館南門市場店

住所　台北市大安區杭州南路二段55號2樓

時間　土曜日11:00〜19:00（日曜、月曜定休）

一般的には、ちょっと良いレストランで、数人でひとつの鍋を食べる酸菜白肉鍋ですが、ここはひとりでも食べられる珍しいスタイル。しかもひとり鍋でも炭火銅鍋を使ってくれるのがうれしい。南門市場の上の食堂空間にあるので、買い物のついでに楽しめます。その代わり夜7時に閉まるので注意。

下港吔羊肉専売店

住所　台北市中山區天祥路18號

時間　11:00〜24:00

程よい香りが心地よい羊肉爐。ヤギ肉は柔らかく皮の弾力がアクセントになっています。コクがありつつも、漢方がさわやかに香るスープと、具材のトマトが相性抜群。

五吉姜母鴨

住所　台北市中山區南京東路三段89巷5之4號

時間　11:00〜24:00

昼から食べられる薑母鴨のお店。新鮮なアヒル肉を使っているので臭みはほとんどありません。生姜とお酒がきいたスープと自家製のタレも美味しい。2人でも食べきれますが、できれば3人以上できて、カニなどを加えるのがおすすめ。

右：薑母鴨
中：これがアヒル肉
左：顔が赤い紅面番鴨

食後に食べたいデザート

台湾スイーツとしておなじみの豆花やかき氷。遅くまで開いているお店もたくさんあるので、平日仕事をしている地元民は、夜に食べることが多いです。もちろん、昼に食べてもいいものですが、夜市や熱炒などのコッテリ系料理のあとに食べる豆花やかき氷は、口の中にさっぱりとした癒しを運んでくれます。ここではおすすめのデザートと、それらに欠かせないトッピングについてご紹介します。

豆《ドウ》花《ホワ》

豆花は夜のイメージもあるスイーツ。どんな夜市にも必ず豆花のお店があります。トッピング選びも豆花を食べるときの醍醐味ですが、豆や芋、漢方系トッピングだけでなく、1種類はモチモチ系を入れるのが美味しく食べるコツです。

豆花

雪《シュエ》花《ホワ》冰《ピン》

台湾のかき氷として人気の雪花冰。甘いミルクの氷をふわふわに削ったものにフルーツや豆類などをトッピングして食べます。チョコレートミルクの氷や、ミルクティーの氷を使うものもあり、こちらも人気。ただ、マンゴーかき氷を食べる時だけは、マンゴーの下の氷は、雪花冰ではないほうがいいと思います。ミルク氷の甘さが邪魔をして、マンゴーの美味しさを半減させてしまうので、普通の氷を使った芒果冰《マングオピン》をおすすめします。

黒《ヘイ》糖《タン》剉《ツオ》冰《ピン》

雪花冰よりもずっと昔から親しまれている台湾のかき氷が黒糖剉冰。かき氷に、甘く煮た豆類やお餅系食材をトッピングし、その上からさらに氷をのせ、黒糖のシロップをかけていただきます。美味しいお店では、シロップを作るときに、黒糖や三温糖をゆっくりと炒ってさらに香りを引き出してから使います。これはかなり根気のいる作業となります。

右より雪花冰、黒糖剉冰

仙草凍《シェンツァオドン》

仙草というハーブを煮出して作ったゼリーに豆類などをトッピングして、ミルクをかけて食べるスイーツ。煮出した液体を冷ますと自然とゼリー状に固まります。以前は仙草ゼリー専門のお店もよく見かけましたが、最近は減った印象で、豆花などのお店に置いてあることが多いです。寒いときは温かい液体のまま、お汁粉のように食べることもできます。

仙草凍

おすすめのデザート店

邱太太甜品坊

住所　台北市中山區龍江路382號

時間　12:00～22:00

つるりと柔らかい豆花に、シロップの甘さが絶妙。トッピングの豆類も良い塩梅に煮えていて、もちもち系の弾力もちょうどいいです。最近の私のベスト豆花はここのもの。

享氷

住所　台北市中山區錦州街409號

時間　12:30～21:30（月曜定休）

伝統的なかき氷も美味しいお店ですが、ここの芒果雪花冰が特に美味しい。雪花冰といいながらもミルク控えめ、果汁ベースの氷で、マンゴーの美味しさを引き立てます。

八時神仙草 中山店

住所　台北市中山區中山北路一段135巷5號

時間　12:30～21:00

台中発祥の仙草スイーツ店の支店。2022年3月に開店したので新しく、店内もおしゃれです。仙草を8時間煮込んだゼリーは、弾力があってプルプル。トッピングを別皿で出してくれるので、仙草そのものの味わいを楽しめます。

正宗建中黒砂糖刨冰

住所　台北市中正區泉州街35號

時間　平日10:30～18:00　土・日10:30～19:00（月曜定休）

冬でもお客さんでいっぱいのかき氷店。トッピングのやわらかさや甘さも丁度良く、何より黒糖シロップが香ばしくて豆類とよく合います。けっこうなボリュームですが、あっという間に完食してしまいます。

楊記花生玉米氷

住所　台北市萬華區漢口街二段38號

時間　11:00～22:00

素朴なトッピングを意外な方法で食べさせてくれるかき氷のお店。昔ながらのかき氷でありながら、ペーストにしたタロイモや、トロトロに煮たコーンやピーナッツなど他では見かけないトッピングも。コーンかき氷の甘じょっぱさが癖になる。

COLD STONE CREAMERY

住所　台北には9店舗（新光三越西3館、Qスクエア等）

COLD STONE CREAMERYの台湾限定フレーバー、鉄観音アイスも美味しい。

デザートのトッピング

台湾デザートは、多くの場合、トッピングが選べます。迷った時の参考になるように、どんなものがあるのかをまとめました。日本で買えるものや作れるもの、台湾で買って持ち帰ることができるものは、それぞれトッピング用に調理する方法も紹介します。

日本で買える・作れるもの

① 粉圓（タピオカ）

ブラックタピオカ（乾燥）40gは沸騰したお湯に入れて、中火で45分くらい茹で、蓋をして15分蒸らす。熱いうちに三温糖15gを加え、軽く混ぜてそのまま冷ます。硬くなるので、冷蔵庫には入れない。

② 紅豆（アズキ）

アズキ100gはさっと洗ってから一晩水にひたし、水気を切って土鍋に入れ、600mlの水を加えて沸騰させる。蓋をして弱火で柔らかくなるまで煮込んで、水分が少なくなったら35gのグラニュー糖を加えて、軽く混ぜ、そのまま冷ます。

③ 綠豆（リョクトウ）

リョクトウ100gはさっと洗って鍋に入れ、600mlの水を加えて沸騰させる。弱火で柔らかくなるまで煮込んで、水分が少なくなったら35gのグラニュー糖を加えて軽く混ぜてそのまま冷ます。

※そのほかにも、黒米やオートミール、もち麦をトッピングにするお店もあります。

④ 薏仁（ハトムギ）

鍋にお湯をわかし、洗ったハトムギ100gを入れ、再度沸騰させる。ハトムギをザルにあげ、水を切って密閉容器に入れ、一晩冷凍させる。翌日、鍋にお湯を沸騰させて、冷凍ハトムギを凍ったまま入れてわかし、弱火で柔らかくなるまで煮込む。水分が少なくなったら35gのグラニュー糖を加えて軽く混ぜてそのまま冷ます。

⑤ 蜜鳳梨（パイナップルの甘煮）

パイナップル300gは1.5cm角に切って鍋に入れ、60gの三温糖と混ぜ、30分置いて水分を出しておく。火をつけて、強めの弱火で20分ほど、水分がすくなくなってくるまで煮込む。

⑥ 湯圓（白玉）

白玉粉や餅粉を使用し、各メーカーの説明に従い、1cm強に丸め、沸騰したお湯で茹でる。

台湾でしか食べられないもの

① 仙草（仙草ゼリー）
仙草というシソ科のハーブを煮出した黒いゼリー。ゼラチンを入れなくても固まる性質を持っています。

② 芋頭（タロイモ）
タロイモを甘く煮たもの。ほのかに甘く、ぽってり、ねっとりとした食感で人気のトッピング。

③ 芋圓・地瓜圓（タロイモ団子）
タロイモと地瓜粉を使って作るお団子。さつまいも団子もあり、こちらは地瓜粉があれば日本でも作れます。

④ 脆圓・QQ圓（キューキュー圓）
地瓜粉と片栗粉に水を加えて切って茹でたもの。昔はホウ酸が入っており、食品衛生の観点から敬遠されていましたが、最近のものにはほぼ含まれません。タピオカよりもしっかりした歯ごたえ。

⑤ 愛玉子（オーギョーチ）
愛玉子というイチジク属の植物の種を水の中で揉んでペクチンを出し、そのまま固めてゼリー状にしたもの。味はほとんどありません。

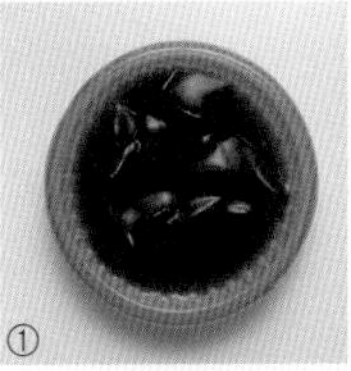
①

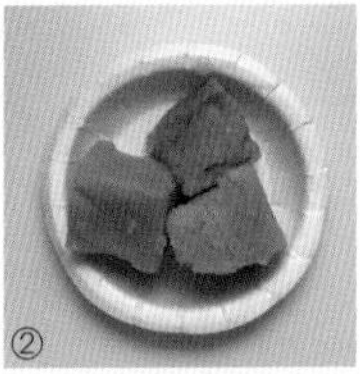
②

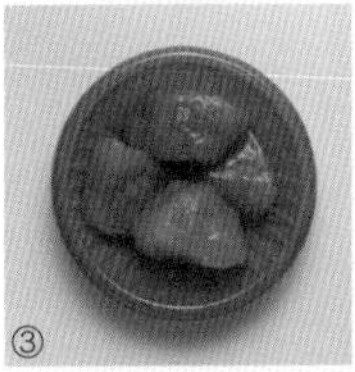
③

④

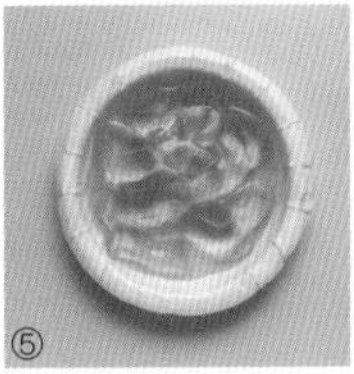
⑤

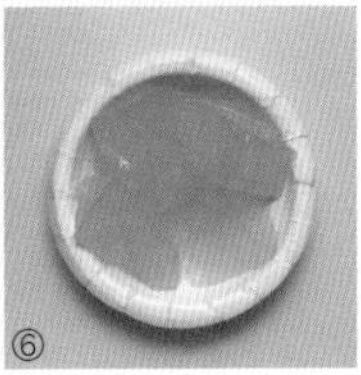
⑥

⑥ 粉粿（クチナシ色のくず餅）
クチナシの実を煮出した汁を、地瓜粉と水を混ぜたものに加え、色をつけて蒸したもの。柔らかくもちもちの食感。

台湾でしか買えないけど日本に持ち込めるもの

① 花豆（ベニバナインゲンマメ）
花豆100gはさっと洗ってから一晩水にひたし、水気を切って土鍋に入れ、600mlの水を加えて沸騰させる。蓋をして弱火で柔らかくなるまで煮込んで、水分が少なくなったら35gのグラニュー糖を加えて、軽く混ぜ、そのまま冷ます。

② 生花生（生ピーナッツ）
皮剥き生ピーナッツ100gをボウルに入れ、熱湯を注いで一晩置く。ザルにあげてから密閉袋に入れて3時間冷凍する。圧力鍋に入れ、圧がかかったら弱火で40分加熱し、蒸らす。水分が少なくなるまで煮詰めたら、グラニュー糖35gを加えて軽く混ぜ、そのまま冷ます。

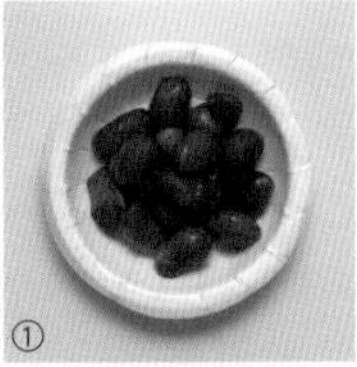
①

③ 蓮子（ハスの実）
乾燥ハスの実100gをボウルに入れて熱湯を注ぐ。30分後、爪楊枝で蓮の実の中心の茶色い芯をとり、鍋に入れ、600mlの水を注いで沸騰させる。弱火で30分程度煮て、水分が少なくなったら35gのグラニュー糖を加えて軽く混ぜ、そのまま冷ます。

②

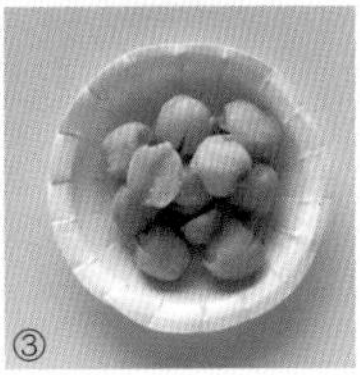
③

台湾 食品コラム ③ やっぱりお酒も飲みたい

お酒を飲まない人が多い台湾ですが、お酒を作る技術はなかなか。
ここでは台湾の代表的なお酒を紹介します。

カバランウイスキー

ウイスキー造りに適さないと言われていた亜熱帯気候の特徴を活かし、短い期間での熟成に成功。世界から称賛されるウィスキー「カバラン クラシック シングルモルト ウイスキー」が誕生しました。その味わいはまさに台湾。プルメリアのような甘く柔らかい香り、グアバのように爽やかな後味で飲みやすいのが特徴です。BTSのRM氏も、好きなお酒として、カバランの「ソリスト オロロソ シェリー カスク」を挙げています。

高粱酒

モロコシで作られる蒸留酒。高いアルコール度数を利用して火をつけ、その火でカラスミをあぶって食べると最高！　私はむしろそのために高粱酒を買っています。

① 台湾ビール

2019年に100周年を迎えた台湾ビール。1919年、日本方九有限公司が台北市上勲頭に「高砂麦芽有限公司」（台北ビール工場の前身）を設立したのが始まりです。現地では18日以内しか美味しく飲めない、生ビールも売られているので、見かけたら是非お試しを。

② SUNMAI

台湾を代表するクラフトビールブランド。主に金色三麥という直営レストランを通して飲むことができるビールです。最近はコンビニでも購入できますが、レストランには生があります！

③ Buckskin

カバランの発売元である金車グループが手がけるドイツ製法のビール。2018年から販売された新しいブランドでありながらも、国際コンテストでの受賞が続くクオリティの高さが魅力です。ドイツビールらしいふくよかな味わいで、個人的に好きなビール。

④ 臺虎精釀

2013年に設立された比較的新しいビール会社ですが、おしゃれなロゴとパッケージで急速に浸透しています。仙草や烏龍茶など台湾らしい食材を使ったビールが多く、飲めば新しい発見があります。

三《サン》杯《ベイ》雞《ジー》

〔バジル香る鶏の炒め煮〕

三杯雞の三杯とは、醤油、ゴマ油、酒を1カップずつ入れる、という意味。ですが、実際それを実行することはなく、各お店や家庭、オリジナルの配合で作っています。

材料（2～3人分）

水炊き用鶏のぶつ切り肉‥600g
生姜……40g
ニンニク……3片
ゴマ油……大さじ2
バジル……20g
鷹の爪……2本
米焼酎……大さじ3
醤油……大さじ1と小さじ2
グラニュー糖……大さじ1弱

台湾の食材で

台湾の醤油を使う場合は、グラニュー糖を小さじ1.5に減らして甘さを調節します。

作り方

1 生姜は皮付きのまま薄切りにし、さらに縦に短冊切りにする。ニンニクは皮をむいておく。バジルは茎から葉をちぎっておく。

2 フライパンにゴマ油を熱し、生姜を炒める。茶色く乾いてくるまでじっくりと炒め、ニンニクを加えて香りが出るまで炒める。

3 鶏のぶつ切り肉を入れて色が変わるまで炒め、米焼酎と醤油を入れる。

4 絡ませながらさらに炒めてから、鷹の爪を加え、水（分量外）を材料半分くらいまで入れる。グラニュー糖を入れて強火で沸騰させ、中火で煮込む。

5 煮汁が1/3ほどになったらバジルを入れ、煮汁が1/4になるくらいまで煮詰めて出来上がり。

蚵《オ》仔《ア》煎《ジェン》

〔牡蠣と卵のもちもち焼き〕

牡蠣や卵と一緒に、
水溶き片栗粉（地瓜粉やタピオカ粉でも）を焼いて
生地にする料理。
和食にはない発想に
台湾料理の奥深さを感じます。

材 料（2人分）

【具材】

- 小さめの牡蠣（加熱用）……150g
- 卵（必ず常温に戻しておく）…2個
- 白菜の柔らかい部分……50g
- ラード……大さじ2

【生地】

- 片栗粉……50g
- 水……70ml
- 米焼酎……小さじ1
- ゴマ油……小さじ2/3
- サラダ油……小さじ2/3
- 鶏ガラスープの素‥小さじ1/4
- 塩……少々
- 胡椒……少々

【海山醬（ソース）】

- 水……130ml
- 味噌……20g
- ケチャップ……40g
- グラニュー糖……20g
- ラー油……小さじ1/3
- 片栗粉……小さじ1/2
- ゴマ油……少々
- 粗挽き黒胡椒……少々

作り方

1 牡蠣は大きければ二等分から三等分に切り、白菜の葉先を一口大にちぎる。

2 ソースの材料をすべて小鍋に入れ、味噌と片栗粉をよく溶かしてから沸騰させ、少しとろみがつくまで煮る。

3 生地の材料をすべて合わせ、よく混ぜ合わせておく。

4 フライパンにラード大さじ1を入れて熱し、牡蠣の半量を炒め、火が通ったら、生地の半量をお玉ですくって牡蠣を囲むように流し入れる。

5 外側が透明になって、火が通ってきたら、白菜の半量を被せる。

6 ゴムベラなどで生地の縁を中心に寄せ、卵をひとつ割り入れ、軽く崩しながら、白菜がしんなりするまで火を通す。④〜⑤をもう1枚分行う。

台湾の食材で

地瓜粉がある場合は、片栗粉と置き換えてください。
よりプリッとした食感を楽しめます。

第3章 台湾の晩

紅《ホン》燒《シャオ》獅《スー》子《ズ》頭《トウ》

〔大きな肉団子と白菜の煮物〕

獅子の頭のように大きな肉団子の醤油煮込み。
子どもも大人も大好きで、食卓に上がると喜ばれる
ハンバーグ的メニューです。

材料（2人分）

白菜……1/4（350g）

A
- 豚ひき肉……400g
- 生姜（みじん切り）……20g
- ネギ（みじん切り）……20g
- 卵……1個
- 片栗粉……大さじ1
- 塩……小さじ1/3
- 酒……大さじ1/2
- ゴマ油……少々
- 白胡椒……少々

B
- 水……大さじ2
- 醤油……小さじ1
- 片栗粉……小さじ1

C
- 醤油……大さじ1
- グラニュー糖……小さじ1
- 塩……小さじ1/3
- 鶏がらスープの素……少々

揚げ油……適量

作り方

1 白菜は葉の部分はそのまま、白い部分を4～5センチ幅に切る。

2 Aをボウルに入れ、粘りが出るまで手で混ぜ、4等分にして丸める。

3 Bを混ぜて、②の肉団子をくぐらせ、180度の油でキツネ色になるまで揚げる。中は半生で良い。

4 鍋（大きすぎず、すべての材料がちょうど入るぐらい）に油（分量外）適量を入れて白菜の白い部分を炒めて、水（分量外）1カップを入れて蓋をする。弱目の中火で5分くらい煮たら、Cを入れる。

5 ④に③の肉団子をのせて、その上から白菜の葉の部分をかぶせ、沸騰したら蓋をして、弱めの中火で40分程度煮込んで出来上がり。

台湾の食材で

台湾醤油を使う場合は、Cのグラニュー糖を小さじ1/2に減らしてください。

第3章 台湾の晩

香《シアン》菇《グー》雞《ジー》湯《タン》

〔椎茸と鶏のスープ〕

台湾家庭料理の中で最も一般的なスープです。椎茸だしと鶏だしのダブルスープで旨味たっぷり。いくらでも飲めてしまう美味しさです。

材料（3～4人分）

小さめの干し椎茸	15g
水炊き用鶏肉	300g
生姜（皮をつけたままスライス）	2枚（5g）
干し椎茸の戻し汁＋水	700ml
米焼酎	小さじ2
塩	小さじ1強

作り方

1. 干し椎茸は水で戻し、軽く絞っておく。水炊き用鶏肉は茹でこぼし、水で洗い、水気を取る。
2. 鍋に干し椎茸の戻し汁と水、①と生姜スライスを入れて煮立たせる。
3. 弱めの中火で20分煮込み、塩と米焼酎を入れて再度煮たたせる。

台湾の食材で

台湾らしい味にするなら水炊き用鶏ぶつ切り肉を使いたいところですが、なければ鶏の手羽元でも十分美味しく作れます。

黒《ヘイ》糖《タン》剉《ツオ》冰《ピン》

〔黒糖かき氷〕

台湾の最も伝統的なかき氷です。外から見ると地味なグレーの氷ですが、食べ進めると中から味わい深いトッピングがザクザク。ちょっとした宝探し感覚を楽しめます。

❖材料❖（作りやすい分量）

【黒糖シロップ】

黒糖 ……… 100g
三温糖 ……… 100g
熱湯 ……… 200ml

かき氷用の氷 ……… 適量

【トッピング】

……… p122-123参照

台湾の食材で

p123に台湾でしか買えないトッピング材料があるので、購入し、試してみると楽しいと思います。

❖作り方❖

1 フライパンに三温糖を入れて、中火で炒って、全て溶けたら黒糖を入れてさらに焦がさないように炒る。

2 黒糖も溶けたら熱湯を注いでひと煮立ちさせ、しっかり冷ます。熱湯でないと跳ねて危険なので、必ず熱湯を。

3 p122-123を参考に、トッピングを作る。3～4種類くらいあると良い。

4 大きめの器を用意し、かき氷を器の高さくらいまで入れる。

5 トッピングを適量のせ、その上からさらにかき氷をかぶせて白い山にする。

6 ②の黒糖シロップをかけて食べる。

豆《ドウ》花《ホワ》

〔豆乳のデザート〕

台湾デザートの代表といえば豆花。
何度も台湾に来ている、という方でも、旅行中に
一度は食べたいスイーツなのではないでしょうか。
美味しく作るコツは、トッピングにしっかり
甘みをつけること。

❖ 材料 ❖ （3～4人分）

【豆花】

無調整豆乳	500ml
にがり	5g
コーンスターチ	2g

【シロップ】

水	80ml
三温糖	100g
氷水	400g

【トッピング】

……p122-123参照

❖ 作り方 ❖

1 トッピングを作る。p122-123を参考にトッピングを作る。

2 シロップの準備をする。鍋に水と三温糖を入れて沸騰させ、弱火で2分ほど煮て、そのまま冷ます。

3 豆花を作る。ボウルににがりとコーンスターチを入れてよく混ぜる。

4 豆乳を泡立てないように静かに入れて混ぜる。泡が立ってしまったらスプーンですくい取る。

5 蒸気のあがった蒸し器に入れて強火で10分、弱火で20分蒸す。（加熱時間は、使う容器や豆乳の温度などによりばらつきがあるので、様子を見ながら行う）

6 箸をさしてみて、豆乳の白い液体が出てこなければうまく固まっているので、火を止めて取り出し、人肌程度になるまで冷ます。

7 シロップを仕上げる。常温くらいまで冷ました②に氷水を入れる。

8 豆花を大きめのスプーンを使って薄くそぐようにして器に入れ、シロップを適量そそぎ、トッピングをのせる。

台湾の食材で

「地瓜粉」がある場合は、コーンスターチと置き換えてください。
豆乳は、p46ページの台湾式豆乳を使うとより本格的です。

第3章 台湾の晩

珍《ジエン》珠《ジュー》奶《ナイ》茶《チャー》

〔タピオカミルクティー〕

日本でも人気のタピオカミルクティーは、現地では、夜市のイメージがあるドリンクでもあります。茹でたタピオカを保存するときは常温で。冷蔵庫に入れると固くなります。

❖ 材 料 ❖（2杯分）

タピオカ

- 乾燥ブラックタピオカ……40g
- 三温糖……10g

ミルクティー

- アッサムティー（茶葉）……10g
- 水……400ml
- 牛乳……200ml
- ガムシロップ……大さじ2
- 氷……適量

タピオカストロー……2本

台湾の食材で

台湾旅行や通信販売で生タピオカを入手した場合は、80gを使用し、20分茹でてください。

❖ 作り方 ❖

1 大きめの鍋に水を入れて火にかけ、沸騰したら乾燥タピオカを入れ、中火で40分くらい煮こむ。火を止めて蓋をして15分蒸らす。

2 紅茶を作る。水400mlを小鍋に入れて沸騰させ、アッサムティーを入れる。濃く煮出して漉し、200mlほどの量にして冷やしておく。

3 ①のタピオカを取り出してお湯を切り、ボウルに入れ、熱いうちに三温糖を加え、よく混ぜてそのまま常温で冷ます。

4 ②にガムシロップと牛乳を入れてよく混ぜ、ミルクティーを作る。

5 グラスにタピオカを入れて④を注ぎ、氷を浮かべて、タピオカストローをさして出来上がり。

小河《おがわ》 知恵子《ちえこ》

台湾料理研究家。2010年、初めての台湾旅行で豊かな食材と多種多様な小吃に魅せられる。料理研究家、フードコーディネーターとして、テレビや雑誌などで活躍後、2017年、短期料理留学を通して現地の料理学校で80種類以上の台湾料理を習得。ダイナミックな調理法と素朴な味わいにさらに魅せられ、本場の台湾料理を日本で忠実に再現するレシピの開発に力を注ぐ。台湾料理と台湾が好きすぎるあまり、2019年から、幼稚園児の息子とともに長期親子留学中（夫は日本でお留守番）。現地にいるからこそわかる本物の台湾料理や食文化を研究、紹介している。企業の商品開発、雑誌や新聞へのレシピ提供、テレビ出演など多数。台北在住。

主な著書

『現地発・台湾ルーローハンとお米料理』（春陽堂書店）
『おうちで絶品！ B級グルメレシピ』（日本文芸社）
『おにぎらずの本』（泰文堂）
『スティックオープンサンドの本』（講談社）など。

アシスタント——草野由恵　栗原怜里
川田まりあ　鹿本美沙
川村由紀
企画・編集——オフィスふたつぎ
校正——庄 康太郎　宮原拓也
写真撮影——五味稚子　キミヒロ
デザイン——WHITELINE GRAPHICS CO.

写真掲載ページ一覧
五味稚子　カバー表1帯、カバー表4裏、各章扉・各章扉裏、P9、17、22下、33、36、64、78、81左、103、109、112、115左
キミヒロ　P45、46、47、48、50、88、90、92、94、96、98、100、125、126、128、130、131、132、134

※価格、店舗情報は2023年5月末現在のものです。
※1元＝4.5円（2023年5月末）で換算しています。

現《げん》地《ち》発《はっ》

おいしい台《たい》湾《わん》 朝《あさ》・昼《ひる》・晩《ばん》

二〇二三年六月二七日　初版第一刷　発行
二〇二三年一〇月三一日　二版第一刷　発行

著者――小河 知恵子
発行者――伊藤良則
発行所――株式会社 春陽堂書店
〒一〇四―〇〇六一
東京都中央区銀座三―一〇―九
KEC銀座ビル
電話 〇三―六二六四―〇八五五（代）
https://www.shunyodo.co.jp

印刷・製本――ラン印刷社

ISBN 978-4-394-77007-7 C2026